आप निश्चित रूप से जीतेंगे. सफलता को खरीदा नहीं जा सकता हम इसे प्राप्त करते हैं.

सतीश कुमार

यह पुस्तक मेरी माँ, पत्नी और प्यारे बेटे को समर्पित है।

जो मुझे लिखने के लिए प्रेरित करता है और हर बार मेरी बात सुनने के लिए तैयार रहता है

क्रम-सूची

प्रस्तावना

इस पुस्तक में हमारे उन नेताओं का ज्ञान है जिन्होंने अपने जीवन में सफलता प्राप्त की और हमारे समाज के लिए बहुत कुछ किया। उन्होंने दुनिया को बदल दिया और खुशियां लायीं और हमारी मातृभूमि से नकारात्मकता को दूर किया।

यह पुस्तक हमारी मदद करेगी और मार्गदर्शन प्रदान करेगी कि इस दुनिया में अपने लक्ष्य को कैसे प्राप्त किया जाए और अपने समाज को कैसे खुश किया जाए।

इस पुस्तक में वे मूलभूत बातें हैं जो मनुष्य को अपने जीवन में सफलता पाने के लिए करनी चाहिए, मैंने उन सभी बातों को लिखने का प्रयास किया है जो एक मनुष्य को अपने मन की खुशी के लिए और अपने समाज के लिए अपने जीवन में करनी चाहिए।

जब आप इस पुस्तक को पढ़ते हैं तो आपको पता चलता है कि यह हमारे बचपन में नहीं सोचा गया था। इस किताब में मनुष्य को सफलता और खुशी का बुनियादी ज्ञान है।

जीवन इतना सरल है कि हम जो कुछ भी प्राप्त करना चाहते हैं उसे आसानी से प्राप्त कर सकते हैं। उसके लिए हमें केवल दो ही काम करने हैं "इच्छा करनी है और उसके लिए कर्म करना है" तो निश्चित रूप से हमें वह प्राप्त होगा।

आपसे अनुरोध है कि यदि आप इस पुस्तक को पढ़ते हैं तो आपको इस पुस्तक के ज्ञान को किसी अन्य व्यक्ति के साथ साझा करना चाहिए ताकि हम एक अच्छा समाज और खुशहाल पृथ्वी बना सकें।

1

सफलता ख़रीदी नहीं जा सकती हमें इसे हासिल करना होगा

सफलता को खरीदा नहीं जा सकता लेकिन हम इसे हासिल कर सकते हैं। प्राप्त करने के लिए हमें इसकी कीमत चुकानी पड़ती है, सफलता कड़ी मेहनत चाहती है, उसे धैर्य चाहिए, वह त्याग करना चाहती है, वह आपको पहले दुःख, अपमान और बहुत दर्द देगी, जिसे आपको धारण करना होगा, तभी सफलता उसे मिलेगी आप और आपका हाथ पकड़ते हैं लेकिन फिर भी यह स्थायी नहीं है यह केवल आपके लिए किराए पर है, यदि आप इसका हाथ स्थायी रूप से पकड़ना चाहते हैं तो आपके पास कुछ विशेषता होनी चाहिए, आपके पास कुछ महान आदत है जिसकी मदद से ही आप इसे प्राप्त कर सकते हैं, मैं यहां उस छिपे हुए ज्ञान का रहस्य बताने आया हूं जिसे आपको जानना चाहिए और आप इसके पात्र हैं। क्योंकि आपने सफलता पाने के लिए जन्म लिया है, आपने अपने जीवन के उद्देश्य को प्राप्त करने के लिए जन्म लिया है।

हम सभी पृथ्वी पर कुछ कार्यों को पूरा करने के लिए आए हैं लेकिन अज्ञानता के कारण हम अपने वास्तविक जीवन के उद्देश्य को भूल गए हैं। हमारे जीवन का असली उद्देश्य खुश रहना और दूसरों को खुश करना है लेकिन यह आसान नहीं है। हमारे समाज ने कुछ नियम कानून बनाए हैं जो लगातार हमारी खुशी और सफलता लेने की कोशिश कर रहे हैं और हमें दर्द और दुख देने के लिए तैयार हैं। यदि कोई व्यक्ति शारीरिक और मानसिक रूप से मजबूत है और उसके पास धन और शक्ति है तभी वह खड़ा हो सकता है और दूसरों की मदद कर सकता है।

यह किताब उन लोगों के लिए है जो वास्तव में शारीरिक और मानसिक रूप से मजबूत होना चाहते हैं, और धन और शक्ति चाहते हैं, सफलता और खुशी चाहते हैं।

2

ज्ञान प्राप्त करें और कौशल सीखें

हमारी स्कूली शिक्षा में, हमने अपनी शैक्षणिक सामग्री सीखी है और वास्तविक जीवन के ज्ञान के बारे में सीखा है। सफलता को थामे रखने या सफल व्यक्ति बनने के लिए हमें कुछ अच्छी आदतें डालनी होंगी। हम एक-एक करके उन आदतों पर चर्चा करेंगे जिनका पालन हमारे नेता करते थे। अपने करियर के विकास को आगे बढ़ाने और यह सुनिश्चित करने के लिए कि आपकी विशेषज्ञता का स्तर अप टू डेट है, अपने ज्ञान को अद्यतन रखना और कौशल में सुधार करना महत्वपूर्ण है। चाहे वह नई तकनीक से परिचित हो रहा हो या सॉफ्ट इमोशनल इंटेलिजेंस स्किल विकसित कर रहा हो, पेशेवर विकास प्राथमिकता होनी चाहिए। यह आज की प्रतिस्पर्धी कारोबारी दुनिया में भीड़ से अलग दिखने का भी एक शानदार तरीका है। आपका ज्ञान और कौशल आपके इच्छित ग्राहकों तक पहुँचने और आपके व्यवसाय को विकसित करने के लिए संघर्ष करने के बीच का अंतर हो सकता है।

अपने क्षेत्र की मूल बातों से ऊपर और परे ज्ञान और कौशल रखने से आपको पेशेवर लाभ मिल सकता है।

मैं यहां कुछ कहानियां बताऊंगा जो हमें ज्ञान की शक्ति को जानने में मदद कर सकती हैं

सीता एक बुद्धिमान और मेहनती लड़की के रूप में जो किताबें पढ़ना पसंद करती थी और हमेशा अपने अकादमिक परीक्षणों में उत्कृष्ट प्रदर्शन करती थी। एक दिन क्लास लेक्चर के दौरान, सीता के शिक्षक ने छात्रों से पूछा, "क्या आपके पास कोई शक्ति है?"

इसके लिए स्कूल की रेसिंग प्रतियोगिता में हमेशा प्रथम स्थान पाने वाले छात्रों में से एक ने अपना हाथ उठाया और कहा, "हां मैम, मेरी टांगों में ताकत है, मैं बहुत तेज दौड़ सकता हूं!"

"ठीक। कोई और?" शिक्षक कुछ अन्य उत्तरों की प्रतीक्षा में इधर-उधर देखता रहा। तब सीता ने हाथ उठाकर कहा, "मैम मेरे पास ज्ञान की शक्ति है। मैंने किताबों को पढ़ने और

कक्षा के व्याख्यानों को सुनने से जो कुछ भी सीखा है, इन सबने मेरे ज्ञान को बढ़ाने और मुझे और अधिक ज्ञान देने में योगदान दिया है।" जैसे ही सीता ने अपनी बात समाप्त की, कक्षा में सभी लोग ठहाके लगाकर उसका मज़ाक उड़ाने लगे।

"चुप सब लोग!" शिक्षक ने आदेश दिया और सीता से कहा , "हाँ मेरी बच्ची तुम सही हो, और जो लोग तुम पर हंस रहे हैं, उन्हें जल्द ही पता चल जाएगा कि ज्ञान वास्तव में एक शक्ति है!" शिक्षिका की सराहना के शब्दों ने सीता को अच्छा महसूस कराया लेकिन वह यह नहीं भूल सकीं कि उनके सहपाठी किस तरह उनका मजाक उड़ा रहे थे।

अगले दिन जब सीता स्कूल गई तो उसने नोटिस बोर्ड पर एक नोट देखा। 'हमारे स्कूल का सबसे बुद्धिमान छात्र कौन है?' शीर्षक पढ़ा। नोटिस वार्षिक प्रश्नोत्तरी प्रतियोगिता के बारे में था। सीता खुशी से झूम उठी क्योंकि उसे अपने सहपाठियों को यह साबित करने का तरीका मिल गया था कि उसके पास वास्तव में एक शक्ति है - ज्ञान की शक्ति!

सीता ने एक क्षण की भी प्रतीक्षा न करते हुए प्रश्नोत्तरी प्रतियोगिता की आयोजन समिति के पास जाकर भागीदारी के लिए अपना नाम दर्ज करा लिया।

प्रतियोगिता एक महीने बाद होनी थी इसलिए सीता सामान्य ज्ञान की किताबें पढ़ने में मशगूल हो गईं। उसने दिन-रात पढ़ाई की और क्विज के दिन बहुत आत्मविश्वासी थी।

प्रतियोगिता शुरू हुई और मारिया ने सभी सवालों के सही जवाब दिए। उसने 100 प्रतिशत अंकों के साथ क्विज प्रतियोगिता जीती और 'स्कूल की सबसे बुद्धिमान छात्रा' का खिताब हासिल किया। इस खिताब के साथ उन्हें एक ट्रॉफी और दो साल की 100 फीसदी फीस माफी भी मिली।

सीता के सहपाठी उसकी सफलता पर चकित थे और अपने चेहरों पर शर्मिंदगी के साथ उसकी ओर देख रहे थे।

सीता ने उनकी ओर जाकर कहा, "मेरे प्यारे दोस्तों, केवल शारीरिक शक्ति ही शक्ति नहीं है - वास्तविक शक्ति ज्ञान में निहित है जो समय बीतने के साथ भी कमजोर नहीं होता है।" यह कहकर सीता मुस्कुराई और अपने परिवार के सदस्यों के साथ अपनी खुशी साझा करने के लिए घर चली गई।

मैं एक और कहानी कहूंगा जो हमें ज्ञान की शक्ति दिखाने में मदद करती है।

यहाँ महाभारत की एक रोचक घटना है। महान युद्ध शुरू होने से ठीक पहले, अर्जुन और दुर्योधन दोनों ने सहायता के लिए कृष्ण से संपर्क किया। दुर्योधन के प्रवेश करने पर कृष्ण सो रहे थे , और उन्होंने एक चरवाहे के चरणों में बैठना अपनी गरिमा के नीचे समझा। तो वह कृष्ण के सिर के पास बैठ गया, थोड़ी देर में अर्जुन भी प्रवेश कर गया, और वह कृष्ण के चरणों में बैठ गया। जब कृष्ण उठे तो उन्होंने अर्जुन को देखा, और उनका अभिवादन किया, और फिर बाद में दुर्योधन का अभिवादन किया । कृष्ण ने अर्जुन से पूछा कि उसे सहायता के लिए क्या चाहिए, परेशान दुर्योधन ने कहा कि वह पहले आया है, और इसलिए उसे पूछने का पहला अधिकार मिलना चाहिए। जिस पर कृष्ण ने चालाकी से जवाब दिया "आप पहले

आए, लेकिन यह अर्जुन था जिसे मैंने पहले देखा था, इसलिए उसका अधिकार है"। और फिर कृष्ण ने अपना प्रस्ताव रखा

"एक ओर मेरी पराक्रमी नारायणी है सेना , और दूसरी ओर मैं हूं। लेकिन मैं कोई हथियार नहीं उठाऊंगा और न ही युद्ध में भाग लूंगा।"

पहला मौका मिलने पर अर्जुन ने कृष्ण को अपना सारथी बनने के लिए कहा, दूसरी ओर दुर्योधन को अपनी किस्मत पर विश्वास नहीं हो रहा था। शक्तिशाली नारायणी के प्रस्ताव को कौन मूर्ख ठुकराएगा सेना , उनका मानना था कि अर्जुन ने एक मूर्खतापूर्ण निर्णय लिया है। और विजयी होकर चला गया, यह विश्वास करते हुए कि युद्ध उतना ही अच्छा था जितना कि जीता गया।

वास्तव में अर्जुन जानता था कि वह क्या माँग रहा है, दुर्योधन के पास शक्तिशाली नारायणी थी सेना , लेकिन उनके पास एक व्यक्ति था जो उस पूरी सेना का प्रतिनिधित्व करता था। कौरव सेना पांडवों की तुलना में बहुत बड़ी थी , और उनके पक्ष में कुछ सबसे दुर्जेय योद्धा थे- भीष्म , द्रोण, दुर्योधन , कर्ण, कृपा। ऐसे पुरुष जो अपने दिन में किसी भी सेना को एक हाथ से रौंद सकते थे। लेकिन पांडवों के पास कृष्ण थे, जो कौरव सेना को अंदर और बाहर जानते थे। कृष्ण प्रत्येक कौरव योद्धा की भेद्यता को जानते थे, और उन्होंने उसका उपयोग किया। चाहे वह भीष्म हों , द्रोण हों या कर्ण हों, सभी को कृष्ण द्वारा उनकी भेद्यता के सूक्ष्म ज्ञान के कारण खरीदा गया था।

हाँ , ज्ञान शक्ति है, लेकिन निश्चित रूप से दिन के अंत में, आपको यह जानने की आवश्यकता है कि उस ज्ञान का उपयोग कैसे करें। इतिहास ऐसे उदाहरणों से भरा पड़ा है कि शक्तिशाली सेनाएँ बहुत छोटी सेनाओं द्वारा केवल इसलिए पराजित की गईं क्योंकि उन्हें रणनीति का बेहतर ज्ञान था। पराक्रमी अमेरिकी सेना, चीर टैग, बीमार सुसज्जित वियतनामी विद्रोहियों के एक समूह द्वारा पीछे हटने के लिए मजबूर किया गया था। जबकि अमेरिकी सेना हथियारों के मामले में अधिक शक्तिशाली थी, वियतनामी को जंगल इलाके का बेहतर ज्ञान था और उन्होंने इसे अपने लाभ के लिए इस्तेमाल किया। घर के करीब, मुगलों की एक और शक्तिशाली सेना को अहोमों के हाथों अपमानजनक हार का स्वाद चखना पड़ा , जो उनसे बहुत छोटे थे। फिर से अहोमों ने बड़ी चतुराई से नदी भरे इलाके के अपने ज्ञान का उपयोग किया और उस पहलू में मुगल सेना की कमजोरी का फायदा उठाया। शिवाजी के साथ भी ऐसा ही था, जो जानते थे कि मुगल गुरिल्ला हमले का सामना नहीं कर सकते और हिट एंड रन रणनीति का उपयोग करके मराठों को कई जीत दिलाई।

ज्ञान शक्ति है, पांडवों के पास कृष्ण थे, जिनका ज्ञान इतना व्यापक था। कौरव सेना की सारी शक्ति और उनकी शक्ति कृष्ण के सूक्ष्म ज्ञान और जिस तरह से उन्होंने पांडवों का मार्गदर्शन किया, उसका कोई मुकाबला नहीं था । यही कारण था कि अधिकांश शासक प्रशासन, युद्ध, शासन कला पर सलाह के लिए पुजारियों और विद्वानों की ओर रुख करते थे। हर महान राजा और शासक के पीछे कोई न कोई समान रूप से बुद्धिमान होता था,

जो उसका मार्गदर्शन करता था। चाणक्य ने चंद्रगुप्त को राजा बनाया, शिवाजी को दादाजी कोंडके और उनकी मां जीजाबाई की बुद्धिमान सलाह से ढाला गया , और बुद्धिमान मंत्री तिम्मारसु , श्री कृष्णदेव राय के गौरवशाली शासन के पीछे की शक्ति थी ।

ज्ञान वह है जो आपको सही निर्णय लेने में सक्षम बनाता है। भीम जरासंध और दुर्योधन दोनों को मारने में सक्षम थे , क्योंकि कृष्ण ने उन्हें सही समय पर सलाह दी थी। ज्ञान सुनिश्चित करता है कि आप अपने अंतिम गंतव्य की ओर एक उद्देश्य और स्पष्टता के साथ काम करें। ज्ञान आपको यह बताता है कि अपनी मंजिल तक पहुँचने के लिए क्या करना चाहिए।

सत्ता अनिवार्य रूप से चंचल दिमाग की होती है, यह हमेशा आपके साथ नहीं होती है। कभी-कभी आपके पास होता है, कभी-कभी आपके पास नहीं होता है। लेकिन ज्ञान सच्चा साथी है जो आपको कभी नहीं छोड़ता, यह हमेशा आपके साथ रहेगा।

यहां आपके कार्य कौशल और ज्ञान को अप-टू-डेट रखने के तरीके दिए गए हैं।

1. व्यावसायिक विकास पाठ्यक्रम लें

व्यावसायिक विकास पाठ्यक्रम आपको अपने पेशेवर कौशल सेट का विस्तार करने, कुछ नया सीखने, या यहां तक कि डिग्री हासिल करने के लिए अकादमिक क्रेडिट अर्जित करने में मदद कर सकते हैं। ऑनलाइन पाठ्यक्रम विशेष रूप से सुविधाजनक हैं क्योंकि वे किफायती और लचीले हैं। बस अपना होमवर्क करने के लिए सावधान रहें - प्रशिक्षक बायोस का मूल्यांकन करें, समीक्षाएँ पढ़ें, और अपना क्रेडिट कार्ड डालने से पहले पाठ्यक्रम को ध्यान से देखें। आप वेंडर-सिखाई गई कक्षाओं, पारंपरिक विश्वविद्यालयों और प्रशिक्षण संस्थानों के माध्यम से व्यावसायिक विकास पाठ्यक्रम भी पा सकते हैं।

आजकल हम देखते थे कि इंजीनियर्स बैंकिंग क्षेत्रों और अन्य गैर-तकनीकी क्षेत्रों में काम कर रहे हैं क्योंकि हम जानते हैं कि अगर वे वहां पेशेवर कौशल अच्छी तरह सीख सकते हैं तो वे वहां नौकरी पा सकते हैं। खेत; यह भी व्यवस्था में अवसर की कमी के कारण हुआ लेकिन यह सब बहाना केवल हारने वालों के लिए है न कि सफल व्यक्ति के लिए।

जब हम पेशेवर विकास शब्द के बारे में सोचते हैं, तो हम स्वतः ही इसे व्यवसाय प्रबंधकों और अन्य नेताओं के साथ जोड़ देते हैं। हालाँकि, व्यावसायिक विकास सीखने का एक सतत रूप है जो आपके करियर के किसी भी चरण में आपकी मदद करेगा।

चाहे आप अपने करियर की शुरुआत कर रहे हों या सीढ़ी पर अगला कदम उठाना चाह रहे हों, एक पेशेवर विकास पाठ्यक्रम आपके कौशल सेट को बढ़ावा देने में मदद कर सकता है। यह आपको आपके पेशेवर जीवन में आवश्यक कुछ मूलभूत कौशल सिखा सकता है या जो आपके पास पहले से है उस पर निर्माण कर सकता है।

अलग-अलग उद्योग अलग-अलग दरों पर अपडेट हो सकते हैं - डिजिटल कौशल के साथ लगातार अपडेट की आवश्यकता होती है लेकिन प्रबंधन की भूमिका की केंद्रीय आवश्यकताएं जल्दी से नहीं बदल सकती हैं। आपके करियर फोकस के बावजूद, आपको अपने करियर के दौरान अपने कौशल और ज्ञान को अपडेट करने की आवश्यकता होगी।

पाठ्यक्रम के लाभों के साथ-साथ, आपको व्यावसायिक विकास पाठ्यक्रम ऑनलाइन लेने के साथ आने वाली कई सकारात्मकताएँ भी मिलेंगी।

ऑनलाइन अध्ययन की लचीली प्रकृति के कारण, आप अपने शेड्यूल को अपने शेष जीवन के अनुकूल बनाने के लिए प्रबंधित कर सकते हैं। इसलिए, आपको अपडेट करने या कौशल बढ़ाने के लिए सुबह-सुबह कक्षाओं में जाने या अपने परिवार से समय निकालने की आवश्यकता नहीं है।

2. ऑनलाइन संसाधनों का उपयोग करें

इंटरनेट मुफ्त सूचना और शैक्षिक संसाधनों का एक असीम स्रोत है। शैक्षिक वेबिनार में भाग लें, उद्योग विशेषज्ञों के ब्लॉग या सोशल मीडिया खातों का पालन करें, या बुकमार्क करें और नवीनतम रुझानों पर वर्तमान रहने के लिए नियमित रूप से उद्योग समाचार साइटों और ऑनलाइन मंचों की जांच करें। यदि आपने पहले से नहीं किया है, तो अपने इनबॉक्स के लिए समाचार अलर्ट के लिए साइन अप करें (Google अलर्ट अच्छी तरह से काम करता है) या अपने सभी उद्योग समाचारों को एक ही स्थान पर आसानी से रखने के लिए Feedly.com जैसा RSS फ़ीड सेट अप करें।

कुछ समय पहले तक, लोगों को अपनी आवश्यक जानकारी खोजने के लिए बहुत प्रयास करना पड़ता था। छात्रों के पास स्कूल के पुस्तकालयों में अनगिनत घंटे बिताने के अलावा कुछ अन्य विकल्प थे, वे जो खोज रहे थे उसे खोजने के लिए हजारों पृष्ठों को पलटते रहे। हालाँकि, इंटरनेट की शुरूआत एक बड़ा गेम-चेंजर था और बहुत जल्द ऑनलाइन संसाधनों की एक शानदार संख्या उपलब्ध हो गई। फिर भी, क्या इसका मतलब यह है कि छात्र शोध और संसाधनों के उपयोग में भी नाटकीय रूप से सुधार हुआ है?

सबसे अच्छा उत्तर यह है कि स्थिति अब काफी बेहतर है, लेकिन यह पूर्ण से बहुत दूर है। तथ्य यह है कि वर्तमान में सही जानकारी लगभग तुरंत उपलब्ध है और कोई भी व्यक्ति जो इसे ढूंढना चाहता है, चाहे उनका स्थान कुछ भी हो, इसका मतलब यह नहीं है कि जो इसे ढूंढ रहा है उसे पता चल जाएगा कि कहां देखना है। कुछ लोगों के लिए पेड़ों से जंगल को देखना मुश्किल होता है और वे अक्सर उपलब्ध संसाधनों के असंख्य में खो जाते हैं। तो, ऑनलाइन संसाधनों के उपयोग को अधिक प्रभावी बनाने के लिए क्या किया जा सकता है?

ऑनलाइन संसाधनों का अधिक प्रभावी ढंग से उपयोग करने के सर्वोत्तम तरीके सूचना साक्षरता का विकास करें

यदि आप ऑनलाइन संसाधनों का प्रभावी ढंग से उपयोग करना चाहते हैं, तो आपको अपनी सूचना आवश्यकताओं का मूल्यांकन करने, संभावित स्रोतों की खोज करने और

उनकी विश्वसनीयता का आकलन करने में अपने कौशल में सुधार करने की आवश्यकता है। यह शायद ही कभी रातोंरात होता है, लेकिन आपको लगातार बने रहना होगा और सामान्य ज्ञान लागू करना होगा।

आपको यह पहचानने में भी सक्षम होना चाहिए कि क्या आपको मिली जानकारी पुरानी है और आपको अपने असाइनमेंट में विभिन्न स्रोतों से डेटा को एकीकृत करना सीखना होगा। ऐसा करने में विफलता का मतलब है कि आप अपना समय बर्बाद करेंगे और एक अप्रासंगिक और बेकार परिणाम देंगे।

विश्वसनीय स्रोतों को पहचानें

विश्वसनीय और विश्वसनीय ऑनलाइन स्रोतों को खोजने के महत्व को कम करके आंकना कठिन है। तथ्य यह है कि कुछ पाठ या जानकारी किसी अन्य की तुलना में हाल ही में प्रकाशित हुई थी, सूचना की वैधता का एक संकेतक हो सकता है, लेकिन ऐसा होना जरूरी नहीं है।

आमतौर पर, लोग स्रोत में ही अधिक रुचि रखते हैं और प्रतिष्ठित संस्थानों और व्यक्तियों पर भरोसा करने की अधिक संभावना रखते हैं, या वे अपने मित्रों और सहकर्मियों की सिफारिशों पर भरोसा करते हैं। उदाहरण के लिए, थिंकस्वैप जैसे छात्र संसाधन और नोट्स प्लेटफॉर्म हैं, जहां अध्ययन नोट्स और गाइड डाउनलोड किए जा सकते हैं और अन्य छात्रों के साथ साझा किए जा सकते हैं। यहां, पिछले छात्र वर्तमान और भविष्य के छात्रों के साथ अपने अनुभव साझा करते हैं।

3. जब संभव हो जांच करें

यदि आपको लगता है कि आप जो खोज रहे थे वह आपको मिल गया है, तो सुनिश्चित करें कि आपने इसे किसी अन्य विश्वसनीय संसाधन के साथ क्रॉसचेक किया है। यह आमतौर पर बहुत मुश्किल नहीं होता है, लेकिन यह काफी खुलासा कर सकता है। उदाहरण के लिए, यदि कोई अन्य स्रोत समान जानकारी का उद्धरण नहीं देता है, तो आपको इसे एक चुटकी नमक के साथ लेने और देखते रहने की आवश्यकता है।

कभी-कभी स्रोत की विश्वसनीयता पर्याप्त होती है, और आपको जो चाहिए वह आसानी से और तेज़ी से मिल सकता है। मान लीजिए कि आपको ऑस्ट्रेलिया में किसी अच्छे विश्वविद्यालय गाइड की तलाश है। एक साधारण खोज आपको कमोबेश समान सूचियों वाले कई संसाधन देगी, लेकिन जानकारी की मात्रा भिन्न हो सकती है।

4. विश्वसनीय अनुशंसाओं पर भरोसा करें

यदि आप जिस पर भरोसा करते हैं, जैसे कि आपके शिक्षक, प्रोफेसर या किसी विशेष क्षेत्र के विशेषज्ञ, कुछ संसाधनों की सिफारिश करते हैं, तो आपको सही जानकारी की तलाश में समय बर्बाद करने से बचने के अवसर का उपयोग करना चाहिए।

आप उन समान स्रोतों का उपयोग करके अपने शोध को आगे बढ़ाने के लिए उनके सुझावों का भी उपयोग कर सकते हैं, जिनकी अनुशंसा उन स्रोतों द्वारा की जाती है जिनसे

आपका परिचय कराया गया था।

5. अनुभव साझा करना

अपने मित्रों और सहकर्मियों के साथ विभिन्न ऑनलाइन संसाधनों के साथ अपने अनुभवों को साझा करना हमेशा एक अच्छा विचार होता है क्योंकि इससे खोज करने में लगने वाला समय भी कम हो जाता है। इससे न केवल दक्षता में वृद्धि होती है, बल्कि आपको यह भी देखने को मिलता है कि ज्ञान को व्यवहार में कैसे लाया जाता है।

किसी को सहायता प्राप्त करने या प्रदान करने में सक्षम होने के कई लाभ हैं, और ऐसा करने में आपको जो गति मिलती है वह कुछ ऐसी हो सकती है जो आपको लंबे समय तक प्रेरित रखे, जिसके परिणामस्वरूप बेहतर प्रदर्शन हो।

हालांकि कभी-कभी ऐसा लग सकता है कि विश्वसनीय ऑनलाइन स्रोतों की तलाश भारी है और इसके लिए बहुत समय की आवश्यकता होगी, ऐसा होना जरूरी नहीं है। जो लोग केंद्रित और कुशल हैं वे आम तौर पर इतने सारे संसाधनों की उपलब्धता का अधिकतम लाभ उठाते हैं, और ऐसा कोई कारण नहीं है कि आपको उनमें से एक नहीं होना चाहिए।

नई तकनीक सीखें

प्रौद्योगिकी तेजी से विकसित हो रही है, और नवीनतम प्रगति पर अद्यतित रहना आपके प्रतिस्पर्धी किनारे को बनाए रखने की कुंजी है। पहले उन तकनीकों के बारे में अप टू डेट रहने के बारे में सोचें जो सीधे आपके काम को प्रभावित करती हैं और जिनका उपयोग आपके ग्राहक करते हैं। प्रौद्योगिकी निर्माताओं द्वारा अपडेट की सदस्यता लेने से आपको नवीनतम सुधारों और संवर्धन पर अद्यतित रहने में मदद मिल सकती है। उन नई तकनीकों पर भी विचार करें जिन्हें आप अपने व्यवसाय के लिए सीखना पसंद कर सकते हैं जैसे अधिक कुशल समय और व्यय ट्रैकिंग सॉफ़्टवेयर। तकनीकों पर विशेषज्ञों को खोजें और उनका अनुसरण करें, जैसे ही वे सीखते हैं, आप नई सुविधाएँ सीख सकते हैं।

क्या आप ट्यूटोरियल वीडियो और लाइव मैच देखकर खुद को एक कुशल क्रिकेटर बनने की कल्पना कर सकते हैं, लेकिन मैदान पर उतरे बिना या पर्याप्त अभ्यास किए बिना...?? स्पष्टः नहीं!!

यही स्थिति तब होती है जब आप किसी नई तकनीक या कौशल को सीखने के लिए तत्पर रहते हैं। आपको करने के द्वारा सीखें के सिद्धांत का पालन करने की आवश्यकता है क्योंकि अपने सभी सैद्धांतिक ज्ञान और ज्ञान के व्यावहारिक कार्यान्वयन के बिना, आप विशेष तकनीक में उत्कृष्टता की उम्मीद नहीं कर सकते हैं। आपको इस पर नियंत्रण पाने के लिए तकनीक और संबंधित उपकरणों के साथ अपने हाथों को गंदा करने की आवश्यकता है। उदाहरण के लिए, यदि आप एक प्रोग्रामिंग लैंग्वेज या कोई अन्य ट्रेंडिंग तकनीक जैसे आर्टिफिशियल इंटेलिजेंस, मशीन लर्निंग, क्लाउड कंप्यूटिंग आदि सीख रहे हैं - आपको व्यावहारिक अनुभव प्राप्त करने के लिए कई छोटे और बड़े प्रोजेक्ट बनाने की सलाह दी जाती है। यह न केवल आपके मूल सिद्धांतों को मजबूत करेगा बल्कि प्रक्रिया आपको

विभिन्न अन्य अवधारणाओं और अंतर्निहित तंत्रों के बारे में भी बताएगी जो कि आप सैद्धांतिक रूप से नहीं सीख सकते हैं।

एक दृष्टिकोण है जिसका हम में से अधिकांश लोग अक्सर पालन करना भूल जाते हैं लेकिन यह किसी भी तकनीक में महारत हासिल करने में महत्वपूर्ण भूमिका निभाता है। आपको सलाह दी जाती है कि आप जितना हो सके अपना ज्ञान साझा करें और दूसरों को सिखाएं। जब आप अपनी सीख को दूसरों के साथ साझा करते हैं, तो यह आपके कौशल को बेहतर तरीके से निखारता है। ऐसा इसलिए है क्योंकि जब आप किसी विषय को दूसरों को समझाने की कोशिश करते हैं, तो आपको सबसे पहले अपने दिमाग में उसकी गहन समझ और स्पष्ट तस्वीर की आवश्यकता होती है जो बाद में आपको उस विशेष विषय में निपुण बनाती है।

और यहां अपने सीखने और सिखाने को साझा करने का अर्थ केवल यह नहीं है कि आपको एक पारंपरिक मार्ग का पालन करने और उन्हें सिखाने के लिए व्यक्तियों की तलाश करने की आवश्यकता है, बल्कि आप जो कर सकते हैं वह एक ब्लॉग लिखना है या विशेष तकनीक के लिए एक ऑनलाइन पाठ्यक्रम विकसित करना है। इसे आपके लिए आसान बनाएं। साथ ही, आप अपनी सुविधा के अनुसार विभिन्न ऑनलाइन स्टडी ग्रुप, मीटअप आदि में योगदान दे सकते हैं।

चाहे आप ऑनलाइन पाठ्यक्रम, प्रशिक्षण कार्यक्रम, YouTube वीडियो, या किसी अन्य संसाधन का उपयोग करें - एक नई तकनीक सीखना हमेशा रोमांचक और सार्थक होता है जब तक आप सही दृष्टिकोण का पालन करते हैं, निरंतरता बनाए रखते हैं और बीच में हार नहीं मानते हैं। जैसा कि उन्होंने कहा कि दुनिया में हर किसी के पास एक दिन में समान घंटे होते हैं और जो इसका सबसे कुशल तरीके से उपयोग करता है उसे सफलता मिलती है। इसलिए, उपर्युक्त युक्तियों का पालन करें और किसी भी तकनीक या कौशल में महारत हासिल करने के लिए अपने समय और संसाधनों का कुशलतापूर्वक उपयोग करें !!

3

जल्दी उठो

यदि आप एक रात के उल्लू हैं - या एक थके हुए माता-पिता - जल्दी उठना और वास्तव में बिस्तर से बाहर निकलना बहुत मुश्किल लग सकता है।

अलार्म बजता है, लेकिन हम झपकी लेते हैं और फिर अगले 15 मिनट (या घंटे) तक सोने की चिंता करते हैं, जब तक कि हम अंततः अपने नरम, आरामदायक बिस्तर से खुद को खींचने में कामयाब नहीं हो जाते।

लेकिन ऐसा होना जरूरी नहीं है। आप जल्दी उठ सकते हैं और अपने दिन की शुरुआत ऊर्जा और उत्साह के साथ कर सकते हैं।

कोई ठीक कहता है: _

सुबह दिन का एक महत्वपूर्ण समय है, क्योंकि आप अपनी सुबह कैसे व्यतीत करते हैं, यह अक्सर आपको बता सकता है कि यह किस प्रकार का है

नेता हमेशा कहते थे कि जल्दी उठो और जल्दी उठो। अगर आप जीवन में सफल होना चाहते हैं। मैं 100% मानता हूं कि हमारी सुबह हमारे दिन तय करती है। तड़क-भड़क वाली और तनावपूर्ण सुबह का मतलब है अस्त-व्यस्त दिन। शांतिपूर्ण और उत्पादक सुबह का मतलब है शांत और खुशहाल दिन। क्योंकि हमारी सुबह हमारे बाकी दिनों की नींव रखती है। अगर हम शांत और केन्द्रित होना शुरू करते हैं, तो हम उन कर्वबॉल को संभालने में सक्षम होते हैं जो हमारे रास्ते में बहुत अधिक चालाकी से फेंके जाते हैं। और जब आपके बच्चे होते हैं, तो सबसे अच्छे दिन तब होते हैं जब आप अपने बच्चों से पहले जागते हैं और बच्चों के उठने से पहले जानबूझकर व्यक्तिगत समय निकालते हैं। आप अधिक धैर्य और शालीनता के साथ फैल, नखरे, बाथरूम दुर्घटनाओं को संभाल लेंगे।

जल्दी उठो और इससे पहले कि यह तुमसे निपटे, उस दिन का सामना करो

इससे ज्यादा सच कभी नहीं । क्योंकि अगर आप बच्चे को नाश्ता मांगते हुए जगाते हैं, तो ऐसा महसूस हो सकता है कि आपका दिन शुरू होने से पहले ही आपको पीटा जा रहा है। दिन जल्दी शुरू करने का मतलब है कि आप दिन की शुरुआत अपनी शर्तों पर करते हैं, जो

बेहद सशक्त है ।

यदि आप सर्वश्रेष्ठ बनना चाहते हैं, तो आप कम से कम प्रतिरोध का रास्ता नहीं अपना सकते। हर सुबह, आप जागते हैं, और आपका मन आपको बताता है कि यह बहुत जल्दी है, और आपका शरीर आपको बताता है कि आप थोड़े बहुत बीमार हैं, लेकिन आपको अपने भीतर गहराई से देखना होगा और यह जानना होगा कि आप क्या चाहते हैं और आप क्या प्रयास कर रहे हैं के लिये

कभी-कभी बिस्तर से उठना अभी भी मुश्किल होता है। लेकिन मेरे लिए उस लड़ाई को जीतने का सबसे प्रभावी तरीका यह तय करना है कि मैं वास्तव में क्या चाहता हूं।

इससे पहले कि आप रात में अपना अलार्म सेट करें, आपको खुद से पूछना चाहिए "मैं पहले क्यों उठना चाहता हूँ?" और वास्तव में सोचें कि यह आपके जीवन को कैसे बदल सकता है। और फिर जब अलार्म बजता है, तो आप उस जीवन की कल्पना कर सकते हैं जो आप चाहते हैं-सुबह के साथ संभव जीवन-और बिस्तर से बाहर निकलने की शक्ति पाएं।

10 बेहद सफल लोग जो सुबह 6 बजे से पहले उठ जाते हैं

यहां 10 सफल लोग हैं जो सु के साथ (या पहले) जागते हैं

1. मोहरा समूह के अध्यक्ष बिल मैकनाब लगभग 5 बजे उठते हैं और सुबह 6:15 बजे तक अपनी डेस्क पर पहुंच जाते हैं

मोहरा समूह के अध्यक्ष और पूर्व सीईओ बिल मैकनाब की सुबह-सुबह की सख्त दिनचर्या है जिसे उन्होंने दशकों में नहीं बदला है।

"मेरी दिनचर्या 30 वर्षों में लगभग 30 मिनट भिन्न होती है," वे कहते हैं। "जब मैं 2008 में मोहरा का सीईओ बना (जिस पद पर मैं 2018 की शुरुआत तक था), मैंने थोड़ा पहले आना शुरू किया ताकि मुझे सुबह तैयारी के लिए कुछ अतिरिक्त समय मिल सके। इसके अलावा, 1986 में कंपनी में शामिल होने के बाद से बहुत कुछ नहीं बदला है।"

उनकी दिनचर्या में सुबह 5 से 5:15 के बीच उठना, काम करने के रास्ते में एक कप कॉफी पीना और 5:45 और 6:15 के बीच अपनी डेस्क पर बैठना शामिल है। उनका कहना है कि ऑफिस जल्दी पहुंचना रचनात्मक उत्पादकता के लिए महत्वपूर्ण समय देता है।

मैकनाब कहते हैं, "सुबह 6 से 7:30 के बीच का शांत समय वह होता है जब मेरा कुछ बेहतरीन काम हो जाता है।" "यह पढ़ने, सोचने और आने वाले दिन के लिए तैयारी करने का मेरा समय है। मैं उस समय को बनाए रखने के लिए वास्तव में कड़ी मेहनत करता हूं।"

2. वाशिंगटन राज्य के अटॉर्नी जनरल बॉब फर्ग्यूसन सुबह 5 बजे उठकर अपने परिवार के लिए नाश्ता बनाते हैं

वाशिंगटन राज्य के अटॉर्नी जनरल बॉब फर्ग्यूसन कहते हैं, "मैं एक बड़ा विश्वासी हूं कि आपका दिन कैसे शुरू होता है, यह वास्तव में महत्वपूर्ण है।"

वह अपने और अपने परिवार के लिए समय निकालने के लिए सुबह 5 से 6:30 बजे के बीच जाग जाते हैं।

"पहले, मेरे पास थोड़ा व्यक्तिगत समय है - नाश्ता, कॉफी, सुबह की खबर," वह सूचीबद्ध करता है। फिर वह अपने बच्चों और पत्नी को जगाता है और परिवार के लिए एक साथ आनंद लेने के लिए नाश्ता बनाना शुरू करता है।

वह बताते हैं कि जल्दी उठना ही उनके लिए यह सुनिश्चित करने का एकमात्र तरीका है कि उनके पास सबसे महत्वपूर्ण चीजों के लिए समय है।

फर्ग्यूसन कहते हैं, "बैठकों के लिए काम पर देर से जाना, या अन्य घटनाओं के आने के लिए आसान है, और मैं हमेशा दिन में बाद में उनके साथ ज्यादा समय की गारंटी नहीं देता, इसलिए मुझे उस सुबह के समय में लॉक करना पसंद आया।"

3. ब्रैड फेल्ड, फाउंड्री ग्रुप में वेंचर कैपिटलिस्ट, सुबह 5:30 से 9 बजे के बीच कहीं भी 'डे ओपन अप' देखने के लिए उठते हैं

वेंचर कैपिटलिस्ट ब्रैड फेल्ड कभी-कभी सुबह 6 बजे से पहले उठ जाते हैं, लेकिन खुद को बहुत पतला न पहनने की चेतावनी भी देते हैं।

"पांच साल पहले, मैं सप्ताह के दौरान हर सुबह 5 बजे उठता था, भले ही मैं किसी भी समय क्षेत्र में था," वे कहते हैं। "तब मेरे पास एक प्रमुख अवसादग्रस्तता प्रकरण था और मैंने अलार्म घड़ी के साथ जागना बंद करने का फैसला किया। मैं अब जब भी उठता हूं उठ जाता हूं, जो सुबह 5:30 से 9 बजे के बीच कहीं भी होता है"

एक बार जब वह जाग जाता है, तो फेल्ड अपना वजन करता है, अपने दाँत ब्रश करता है और एक कप कॉफी बनाता है। इसके बाद वह चार मिनट अपनी पत्नी और उनके कुत्तों के साथ बैठते हैं। "हम बस अपनी कॉफी के साथ बैठते हैं, थोड़ी बात करते हैं और दिन को खुलते हुए देखते हैं और पक्षी गाते हैं।"

4. अमेरिकी ओलंपिक कांस्य पदक विजेता कैरोलिन बर्कल , बिना अलार्म के काम करने के लिए 5:30 बजे उठती हैं

जल्दी उठने वाले कई अन्य सफल लोगों की तरह, ओलंपिक तैराक कैरोलीन बर्कले व्यायाम करने के लिए जल्दी उठ जाते हैं। वह लगभग 5:30 बजे उठती है और रनिंग इंटरवल, वेट-ट्रेनिंग या स्विमिंग वर्कआउट शुरू करने से पहले एक एनर्जी बार खाती है।

वह कहती हैं, '' मेरी पूरी जिंदगी यही दिनचर्या रही है। "तैराकी ने मुझे छोटी उम्र से ही सुबह जल्दी उठने के लिए तैयार किया। मैं सप्ताह में दो दिन 6:30 या 7 बजे 'सोने' की कोशिश करता हूं।

क्या अधिक है, बर्कले का कहना है कि इस शुरुआती समय में उनका शरीर स्वाभाविक रूप से जाग जाएगा। "आमतौर पर, मेरी आंतरिक घड़ी मुझे मेरे अलार्म से लगभग चार मिनट पहले जगाती है," वह कहती हैं।

5. जनरल स्टेनली मैकक्रिस्टल, सेवानिवृत अमेरिकी सेना के चार सितारा जनरल, सुबह 4 बजे उठते हैं और रात के खाने तक नहीं खाते हैं

जनरल स्टेनली मैकक्रिस्टल की सुबह की दिनचर्या नियमित है - कम से कम कहने के लिए। वह सुबह करीब 4 बजे उठते हैं, शेव करते हैं, डेढ़ घंटे एक्सरसाइज करते हैं, चार या पांच मिनट नहाते हैं और फिर ऑफिस चले जाते हैं।

"जब मैं इराक और अफगानिस्तान में तैनात था, तो मेरी सुबह की दिनचर्या लगभग समान थी, सिवाय इसके कि मैं अक्सर इसे दो भागों में तोड़ देता था," वे कहते हैं।

भले ही वह हर सुबह 90 मिनट से अधिक समय तक व्यायाम करते हैं, फिर भी जनरल नाश्ता और दोपहर का भोजन छोड़ देते हैं। "मैं आमतौर पर रात के खाने तक कुछ नहीं खाता," वे कहते हैं। "यह सिर्फ मुझे बेहतर महसूस कराता है, मेरे शरीर को इसकी आदत हो गई है, और इसलिए अगर मैं रात के खाने से पहले खा लेता हूं तो मैं सुस्त हो जाता हूं

6 एरियल इन्वेस्टमेंट्स के अध्यक्ष मेलोडी हॉब्सन व्यायाम करने और स्नान करने के लिए सुबह 4 बजे उठते हैं

मेलोडी हॉब्सन, जो एरियल इन्वेस्टमेंट्स के अध्यक्ष के रूप में कार्य करते हैं, दो दशकों से अधिक समय से सुबह 6 बजे से पहले जाग रहे हैं।

वह सुबह 4 से 5 बजे के बीच उठती हैं और व्यायाम करने से पहले जरूरी ईमेल और समाचार अलर्ट के लिए अपने फोन की जांच करती हैं, जिसमें दौड़ना, वजन उठाना, तैरना और साइकिल चलाना शामिल है। एक्सरसाइज के दौरान वह दो लीटर पानी पीती हैं। जब उसका वर्कआउट खत्म हो जाता है, तो वह कॉफी या चाय के साथ दो सख्त उबले अंडे लेती है और उसके बाद नहाती है।

"मेरे नहाने का समय आवश्यक व्यक्तिगत समय है," वह बताती हैं। "मैं हर सुबह नहाता हूँ, और समय का उपयोग दबाव कम करने और आराम करने के लिए करता हूँ। जब मैं शिकागो में ठंड के दिनों में बाहर दौड़ रहा होता हूं, तो मैं अपने स्नान के बारे में सोचते हुए रिटर्न लेग पर तेजी से दौड़ता हूं।

7. स्टाइल सीट के संस्थापक और सीईओ मेलोडी मैकक्लोस्की ने सुबह 5:45 बजे उठने के लिए खुद को प्रशिक्षित किया

स्टाइल सीट के संस्थापक और सीईओ मेलोडी मैकक्लोस्की के लिए, सूरज के साथ बढ़ना उनकी उत्पादकता और कल्याण के लिए महत्वपूर्ण है।

वह कहती हैं, " मैं कुछ सालों से जल्दी उठ रही हूं। "अपने जीवन की एक लंबी अवधि के लिए मैं बहुत देर तक जागता रहा, लेकिन तब से मैंने अपनी सुबह की दिनचर्या को अपने लिए एक उच्च आउटपुट बनाए रखने और पूरे दिन संतुलित और खुश महसूस करने का सबसे अच्छा तरीका पाया है।"

मैकक्लोस्की सुबह 5:45 बजे उठता है और एक घंटे का आयोजन करता है। वह हर दिन सुबह 7 बजे एक निजी प्रशिक्षक के साथ या हॉट योगा, पिलेट्स या टीआरएक्स जैसी व्यायाम कक्षा में व्यायाम करती हैं।

"बेशक, यह पहली बार में आसान नहीं था," सीईओ मानते हैं। "इतनी जल्दी उठना यातना था; मैं स्वाभाविक रूप से सुबह का व्यक्ति नहीं था। लेकिन अब यह नियमित हो गया है, और मैं सप्ताहांत में भी जल्दी जाग जाता हूँ।"

8. टेक्सास इंस्ट्रूमेंट्स में शिक्षा प्रौद्योगिकी के अध्यक्ष पीटर बल्याटा सुबह 5:20 बजे उठते हैं और व्यायाम करते हुए गणित करते हैं

कनाडा में पले-बढ़े, पीटर बाल्टा हॉकी अभ्यास के लिए हर सुबह जल्दी उठ जाते थे। "मैं अनुशासित होने के लिए तैयार हूं, खासकर जब फिटनेस की बात आती है," वे कहते हैं।

आज, बाल्टा टेक्सास इंस्ट्रूमेंट्स के लिए शिक्षा प्रौद्योगिकी के अध्यक्ष के रूप में कार्य करता है। उनका कहना है कि यह अनुशासन उनकी सुबह की दिनचर्या का एक महत्वपूर्ण हिस्सा है। वह हर दिन सुबह 5:20 बजे उठते हैं, एक केला खाते हैं, एक गिलास पानी पीते हैं, अपना ईमेल स्कैन करते हैं और फिर जिम जाते हैं।

"हम हल्की स्ट्रेचिंग के वार्म-अप के साथ शुरू करते हैं, इसके बाद दिन का एक उच्च-तीव्रता वाला वर्कआउट होता है, जिसमें लगातार बदलते मूवमेंट शामिल होते हैं," वे कहते हैं।

जब वह व्यायाम कर रहा होता है तो वह अपने मन और शरीर दोनों को जगाने के लिए मानसिक गणित करता है। वे कहते हैं, "ज्यादा सोचने के लिए नहीं , लेकिन मैं आसान गणित का इस्तेमाल ट्रांजिशन टाइम और फिजिक्स को निर्धारित करने के लिए करता हूं ताकि यह निर्धारित किया जा सके कि बारबेल के आसपास अपने शरीर का लाभ कैसे उठाया जाए।"

9.नरेंद्र मोदी भारतीय प्रधान मंत्री

नरेंद्र मोदी एक अनुशासित व्यक्ति के रूप में जाने जाते हैं। वह अपने दिन की शुरुआत सूर्य नमस्कार, प्राणायाम और योग से करते हैं। वह 8 बजे नाश्ते के लिए बैठता है। उसके लिए नाश्ता ठेठ गुजराती है।

वह नाश्ते के दौरान दोस्तों और परिवार को फोन करता है और ठीक 9:30 बजे अपने कार्यालय के लिए निकल जाता है।

10 मार्क जुकरबर्ग

अगर आपके भी उसी तरह के माता-पिता हैं जो आपको जल्दी उठने के लिए परेशान करते हैं, तो यहां बताया गया है कि उनसे कैसे निपटा जाए। Facebook के संस्थापक का जीवन जितना सादा है उतना ही सादा है उनका लाइफस्टाइल. मार्क जुकरबर्ग के दिन की शुरुआत सुबह 8 बजे होती है। 31 वर्षीय, जो हर समय एक ग्रे टी पहने देखा जाता है, शायद दिन के लिए टी-शर्ट लेने के लिए अपनी अलमारी की ओर जाता है।

हालांकि, जकरबर्ग ने कहा है कि कई बार वह प्रोग्रामर्स से सुबह 6 बजे तक बात करते थे और दिन भर सोते नहीं थे।

आपको इन महान आदतों को अपनाना होगा जो आपको अपना लक्ष्य प्राप्त करने में मदद कर सकती हैं। मैं कुछ सुझाव और ज्ञान साझा कर रहा हूं जो आपकी दिनचर्या में इस आदत को शामिल करने में आपकी मदद कर सकते हैं।

पहले सोने का समय निर्धारित करें

"जल्दी सो जाओ और जल्दी उठो" कहने से ज्यादा आसान है। लेकिन उस सिद्धांत का व्यावहारिक रूप से पालन करना एक चुनौती है, ज्यादातर सप्ताहांत के दौरान। देर रात तक फिल्में देखना, पार्टियों में जाना, महत्वपूर्ण कार्यों को देर शाम तक टालना सोने के समय में देरी करता है और अगले दिन एक ही समय पर जागना मुश्किल हो जाता है।

आदर्श रूप से, वयस्कों को हर रात 7-8 घंटे की नींद की आवश्यकता होती है और सप्ताहांत में देर तक रहने की प्रवृति सोने की होती है। यह अभ्यास संभवतः रविवार को शेड्यूल को बाधित करता है और आप सोमवार की सुबह उदास महसूस करते हैं। विभिन्न तकनीकों के साथ प्रयोग करने के बाद, मैं सोने से पहले अपनी सप्ताहांत गतिविधियों को समाप्त करना पसंद करता हूँ। इसके अलावा, सप्ताहांत में भी एक ही समय पर जागने का प्रयास करें और इसके बजाय दोपहर में एक झपकी लें, यदि आवश्यक हो, तो केवल कार्यदिवस की दिनचर्या के अनुरूप होने के लिए। अपने शरीर को जल्दी सोने के लिए प्रशिक्षित करने से आपको हर सुबह जल्दी उठने में मदद मिल सकती है। अधिकांश वयस्कों को हर रात सात से नौ घंटे के बीच सोने का लक्ष्य रखना चाहिए - इससे कम कुछ भी आपको जल्दी उठने में परेशानी का कारण बन सकता है।

रात का खाना जल्दी खा लें। हमारे द्वारा खाए गए भोजन को अवशोषित करने के लिए आपके शरीर को समय चाहिए। नेशनल स्लीप फ़ाउंडेशन का कहना है कि देर से खाना खाने से नींद का चक्र बिगड़ जाता है और आराम से नींद लेना मुश्किल हो जाता है। मुझे कुछ खाद्य पदार्थों का एहसास नहीं हुआ और रात के खाने का नींद की गुणवत्ता से संबंध था। देर शाम तले हुए स्नैक्स, रात के खाने के लिए चावल खाने और सोने के करीब डेयरी के कारण मेरी नाक की एलर्जी हो गई। स्वस्थ विकल्पों पर स्विच करना, जैसे साबुत अनाज, पूरी गेहूं की रोटी, जामुन और नाशपाती जैसे कम शक्कर वाले फल, साथ ही सोने से कम से कम तीन घंटे पहले खाने के लिए खुद को अनुशासित करने से, जल्दी उठने की मेरी समस्या में काफी कमी आई है।

सोने से पहले अनप्लग करें

सोने से करीब 30 मिनट पहले स्मार्टफोन और लैपटॉप से "अनप्लग" करने से रात की नींद बेहतर हो सकती है। विज्ञान के अनुसार स्क्रीन से निकलने वाली नीली रोशनी आपके शरीर के प्राकृतिक मेलाटोनिन के स्तर को बदल सकती है, जिससे नींद आना और मुश्किल हो जाता है। टेक से शून्य हस्तक्षेप के साथ पहले सोने का समय आपको अगले दिन खुश और अधिक ऊर्जावान महसूस करवा सकता है।

शक्करयुक्त ऊर्जा पेय और कॉफी से बचें

ऊर्जा पेय और कॉफी आपको अध्ययन करने के लिए आवश्यक अतिरिक्त बढ़ावा दे सकते हैं, लेकिन सोने से पहले बड़ी मात्रा में चीनी या कैफीन का सेवन करने से नींद आना और सोते रहना अधिक चुनौतीपूर्ण हो सकता है। शक्करयुक्त सोडा, ऊर्जा पेय और कॉफी की खपत को सीमित करने के लिए स्वस्थ नींद की आदतें पैदा करने के लिए सिद्ध किया गया है। अपने आप को हाइड्रेटेड रखने के लिए सोने से पहले पानी या चाय पर स्विच करने का प्रयास करें।

नींद की गुणवत्ता उतनी ही आवश्यक है जितनी नींद की मात्रा। नेशनल स्लीप फ़ाउंडेशन के अनुसार, कैफीन के उत्तेजक प्रभाव सतर्कता बढ़ाते हैं और नींद की गुणवत्ता को कम करते हैं, जो आपको जल्दी उठने या ताज़ा महसूस करने से रोक सकता है। कभी-कभी महत्वपूर्ण कार्य समय सीमा को पूरा करने के लिए जागते रहना आवश्यक होता है। ऐसे समय में मैं थोड़ा गर्म पानी पीती हूं और सतर्क रहने के लिए बार-बार गर्म पानी से अपना चेहरा धोती हूं।

जागने का एक महत्वपूर्ण कारण है।

हमारे पास सुबह उठने का बड़ा कारण होना चाहिए। यह कुछ कार्य या हमारे परिवार के लिए हमारी ज़िम्मेदारी हो सकती है। यह भी हो सकता है कि कार्य, जैसे कार्यालय के एक महत्वपूर्ण दस्तावेज़ को याद रखना, काम के रास्ते में गैस प्राप्त करना, और अपने जीवनसाथी को उसके जन्मदिन पर शुभकामनाएँ देना, आपको जल्दी उठने के लिए उत्साहित कर सकता है।

अपनी अलार्म घड़ी को पूरे कमरे में रखें

अपने अलार्म को स्नूज़ करने से बचने के लिए, अपने फ़ोन या अलार्म घड़ी को उस कमरे के सामने रखें जहाँ आपका बिस्तर है। इस तरह, जब आपका अलार्म बजता है, तो उसे शांत करने के लिए आपको बिस्तर से उठने के लिए मजबूर होना पड़ेगा। अपने अलार्म को स्नूज़ करने के प्रलोभन के बिना, आप ठीक समय पर उठ जाएँगे।

अपने शरीर को जल्दी उठने की ट्रेनिंग देने में समय लगेगा, इसलिए अभी हर दिन सुबह 5 बजे उठने की उम्मीद न करें। जल्दी उठने को संभव बनाने के लिए अपनी दिनचर्या में छोटे-छोटे बदलावों को लागू करने की कोशिश करें, जैसे कि सोने का समय पहले सेट करना, अपनी अलार्म घड़ी के स्थान को बदलना या सोने से पहले स्नैक्स और शक्करयुक्त पेय पदार्थों को छोड़ना। इन छोटे बदलावों के साथ, अंततः आपके शरीर को जल्दी उठने की आदत पड़ जाएगी।

जब आप जल्दी उठना शुरू करेंगे तो आपको निम्न लाभ मिलेंगे

संवर्धित आयोजन कौशल

आपका सुबह का समय दिन का सबसे अधिक उत्पादक समय होता है क्योंकि आपको अपने लिए निर्बाध समय मिलता है। जब आप विकर्षणों का सामना नहीं करते हैं तो आप किसी भी कार्य को तेज़ी से पूरा कर सकते हैं।

आप अपने प्रत्येक कार्य के लिए एक निश्चित समय सीमा आवंटित करते हुए, अपने दिन की योजना बनाने के लिए इस शांतिपूर्ण और शांत समय का उपयोग कर सकते हैं। अपने दिन को शुरू करने से पहले मानसिक रूप से काम करना आपके आयोजन कौशल को बढ़ाता है, उत्पादकता को बढ़ावा देता है।

स्वस्थ भोजन खाओ

जल्दी उठने से आपको स्वस्थ नाश्ता बनाने का समय मिल जाता है। इसमें कुछ विस्तृत होने की आवश्यकता नहीं है; स्मूदी, सलाद और फलों के कटोरे को तैयार करने में केवल कुछ मिनट लगते हैं। जल्दी उठने वालों के पास यह समय है कि वे अपने और अपने परिवार के लिए एक सरल और स्वस्थ नाश्ता तैयार करें। यदि आप देर से जागते हैं, तो संभावना है कि आप डोमिनोज़ प्रभाव पैदा करते हुए बाकी सब चीजों के लिए देर कर देंगे। जब आप देर से चल रहे होते हैं, तो आप अक्सर डोनट या मफिन जैसे आसानी से खाने वाला नाश्ता चुनते हैं, या नाश्ता पूरी तरह से छोड़ देते हैं।

नाश्ता एक महत्वपूर्ण भोजन है, जो आपको दिन की शुरुआत करने की ऊर्जा देता है। इस भोजन को छोड़ने से आपके शरीर में ऊर्जा की लालसा पैदा होती है और आप अपने आप को तुरंत तृप्त करने के लिए चीनी या वसा से भरपूर कुछ खा लेते हैं।

नियमित रूप से व्यायाम करें

सुबह व्यायाम करना सबसे अच्छा माना जाता है क्योंकि यह आपको एड्रेनालाईन बूस्ट देता है। एड्रेनालाईन सतर्कता बढ़ाता है, नींद की भावना को दूर करने में आपकी मदद करता है। इसके अलावा, यदि आप सुबह के व्यायाम कार्यक्रम में हैं तो किसी अन्य महत्वपूर्ण कार्य के समय में खाने के कारण इसे याद करने की संभावना कम है। उदाहरण के लिए, यदि आप शाम को व्यायाम करते हैं, तो काम के अतिरिक्त घंटों, दोस्तों के साथ मिलने-जुलने या अत्यधिक थकावट के कारण इसे याद करने की संभावना अधिक होती है।

बीट पीक ट्रैफिक कम्यूट

यदि आप जल्दी उठते हैं, तो आप पीक ट्रैफिक घंटों को मात देते हुए अपने घर को जल्दी छोड़ सकते हैं। आप काम पर जाते समय या बच्चों को छोड़ने के दौरान ट्रैफिक में फंसने में समय बर्बाद नहीं करते हैं। आप पूरे दिन अपनी सभी अन्य नियुक्तियों के लिए भी समय पर पहुंचेंगे।

तनावमुक्त रहें

जल्दी उठने से आपको अपने दिन की योजना बनाने के लिए फुरसत मिलती है। आप अपने दिन को एक अस्त-व्यस्त मन के साथ एक धुंध में नहीं काट रहे हैं। आगे की योजना बनाने से काम पूरा करने की हड़बड़ी से आने वाला तनाव दूर हो जाता है। इसके अलावा, जब आप जल्दी उठते हैं, तो आपके पास कुछ तनाव-ख़त्म करने वाली फुरसत की गतिविधियों के लिए अधिक समय होता है, जिससे आपको अपने दिन की शुरुआत शांत और स्थिर मन से करने में मदद मिलती है। आप समस्याओं को प्राथमिकता देने और हल करने के लिए

बेहतर तरीके से तैयार हैं, जो पूरे दिन तनाव मुक्त रहने की कुंजी है।

गुणवत्तापूर्ण नींद का आनंद लें

जल्दी उठने वालों को जल्दी नींद आती है। आपको सोने के लिए भेड़ों की गिनती नहीं करनी है। जब आप जल्दी उठते हैं, तो आपका शरीर जल्दी थका हुआ महसूस करता है, जिससे आपको बिस्तर पर जाते ही अच्छी नींद आती है। आप प्राकृतिक सर्केडियन लय के आदी हो जाते हैं, जिससे आप जल्दी सो जाते हैं और जल्दी उठ जाते हैं।

लंबे समय तक जागने से एडेनोसाइन का पर्याप्त संचय होता है। एडेनोसाइन एक न्यूरोट्रांसमीटर है जो न्यूरॉन गतिविधि को रोककर नींद का कारण बनता है। जल्दी उठने से एडेनोसिन का तेजी से संचय होता है, जिससे आपको शाम के समय नींद आने लगती है। जल्दी बिस्तर पर जाने से नींद के चार से छह चक्रों के माध्यम से नींद के सभी चार चरणों को पूरा करने की आपकी संभावना में सुधार होता है, जिससे आप अगली सुबह अच्छी तरह से आराम और तरोताजा महसूस करते हैं।

अधिक ऊर्जा

रात के उल्लुओं की तुलना में शुरुआती पक्षियों की नींद की गुणवत्ता बेहतर होती है क्योंकि उनके पास आवश्यक नींद चक्रों के सभी चरणों को पूरा करने की संभावना अधिक होती है। वे रात के उल्लुओं की तुलना में अधिक ऊर्जा के साथ जागते हैं, जिन्हें आमतौर पर नींद के सभी चरणों को पूरा करने के लिए पर्याप्त समय नहीं मिलता है।

नींद के चरणों और चक्रों को पूरा करने से शारीरिक और मानसिक स्वास्थ्य दोनों में सुधार होता है। विकास हार्मोन, ऊतक की मरम्मत और पुनर्जनन का कारण बनते हैं, नींद के गहरे चरणों के दौरान जारी होते हैं।

खुश महसूस करें

जब आप जल्दी उठते हैं, तो आप कई अच्छी आदतों का लाभ उठाते हैं, जिससे आप ऊर्जावान, आराम से, तनाव मुक्त, समयनिष्ठ और स्वस्थ रहते हैं। आपको जीवन में व्यवस्था का बोध होता है, जिससे आप खुश महसूस करते हैं। वास्तव में, 2012 के नेशनल लाइब्रेरी ऑफ मेडिसिन अध्ययन के अनुसार, स्वस्थ वयस्क जो जल्दी उठते हैं, उनके पास रात के उल्लुओं की तुलना में अधिक सकारात्मक मन की स्थिति होती है।

बेहतर अंक

जल्दी उठने से शिक्षा में दूसरों की तुलना में आपके उच्च स्कोर करने की संभावना भी बढ़ सकती है। हाल ही में हुए एक अध्ययन में देर तक जागने वाले छात्रों की तुलना में सुबह जल्दी उठने वाले छात्रों को बेहतर परिणाम मिले। औसतन, शुरुआती पक्षियों को रात के उल्लुओं की तुलना में उनके जीपीए (ग्रेड प्वाइंट औसत) में एक पूर्ण बिंदु अधिक मिला।

बेहतर मूड और मानसिक स्वास्थ्य

जो लोग जल्दी उठते हैं उनके विचार रात में जागने वाले लोगों की तुलना में अधिक सकारात्मक होते हैं। वे अधिक आशावादी, सहमत, कर्तव्यनिष्ठ और जीवन से संतुष्ट पाए

गए हैं। जल्दी उठने वाली महिलाओं में अवसाद या चिंता जैसी मानसिक बीमारियों के विकसित होने की संभावना बहुत कम होती है।

जो लोग जल्दी उठते हैं वे आमतौर पर पहले भी जल्दी सो जाते हैं। जब आप अनुशंसित 7 से 9 घंटे सोते हैं, तो आपके शरीर और दिमाग के पास खुद को बहाल करने के लिए पर्याप्त समय होता है, जिसके परिणामस्वरूप स्वस्थ शरीर और दिमाग होता है।

4

पढ़ने और लिखने की आदत बनाएं

इससे कोई फर्क नहीं पड़ता कि आप किस पेशे से हैं आपको सुबह लिखने और पढ़ने की आदत डालनी चाहिए। यह आदत आपको ज्ञान प्राप्त करने और अपने विचारों और विचारों को व्यवस्थित करने में मदद करेगी। अच्छे पाठक की गति 600 से 700 शब्द प्रति मिनट होनी चाहिए। यदि आपके पास इतनी गति है तो आप जीनियस हैं यदि आपके पास नहीं है तो आपको इसे सुधारना होगा।

पढ़ना एक बहुत अच्छी आदत है जिसे जीवन में विकसित करने की आवश्यकता है। अच्छी पुस्तकें आपको सूचित कर सकती हैं, आपको प्रबुद्ध कर सकती हैं और आपको सही दिशा में ले जा सकती हैं। एक अच्छी किताब से अच्छा कोई साथी नहीं होता। पढ़ना महत्वपूर्ण है क्योंकि यह आपके समग्र स्वास्थ्य के लिए अच्छा है। एक बार जब आप पढ़ना शुरू करते हैं, तो आप एक पूरी नई दुनिया का अनुभव करते हैं। जब आप पढ़ने की आदत से प्यार करने लगते हैं तो अंततः आप इसके आदी हो जाते हैं। पढ़ना भाषा कौशल और शब्दावली विकसित करता है। किताबें पढ़ना भी आराम करने और तनाव कम करने का एक तरीका है। स्वस्थ कामकाज के लिए मस्तिष्क की मांसपेशियों को फैलाने के लिए हर दिन कम से कम कुछ मिनट के लिए एक अच्छी किताब पढ़ना महत्वपूर्ण है।

किताबें वास्तव में आपकी सबसे अच्छी दोस्त हैं क्योंकि जब आप बोर, परेशान, उदास, अकेले या नाराज होते हैं तो आप उन पर भरोसा कर सकते हैं। जब भी आप उन्हें चाहते हैं तो वे आपका साथ देंगे और आपका मूड बढ़ाएंगे। वे आपके साथ किसी भी समय आवश्यक जानकारी और ज्ञान साझा करते हैं। अच्छी किताबें हमेशा आपको जीवन में सही राह दिखाती हैं। पढ़ने के निम्नलिखित लाभ हैं -

आत्म-सुधार : पढ़ने से आपको सकारात्मक सोच विकसित करने में मदद मिलती है। पढ़ना महत्वपूर्ण है क्योंकि यह आपके दिमाग को विकसित करता है और आपको अत्यधिक ज्ञान और जीवन का सबक देता है। यह आपको अपने आसपास की दुनिया को बेहतर ढंग से

समझने में मदद करता है। यह आपके दिमाग को सक्रिय रखता है और आपकी रचनात्मक क्षमता को बढ़ाता है। ऐसी कई स्व-सहायता पुस्तकें हैं जो किसी व्यक्ति के जीवन को बदल सकती हैं, पुस्तक हमें एक आदर्श व्यक्ति बनने और जीवन जीने का ज्ञान देती है जैसा वह सपने देखता है। जब आप हर दिन एक प्रेरक पुस्तक पढ़ते हैं, तो आप अपने मस्तिष्क को सकारात्मक शब्दों और उत्थान की अवधारणाओं से भर देते हैं। इसके लिए समय निकालने से आपका कंपन बढ़ता है और आप अधिकतर इष्टतम स्थितियों में रहते हैं।

बहुत सारी व्यक्तिगत विकास पुस्तकें अभ्यास और संकेतों के साथ आती हैं जो आपको आपके द्वारा किए गए विकल्पों के बारे में सोचने पर मजबूर करती हैं और आप उन्हें क्यों बनाते हैं। आपके जीवन का एक ईमानदार मूल्यांकन, क्योंकि यह आपको अपने बारे में अच्छा महसूस करते हुए आवश्यक परिवर्तन करने के लिए मुक्त कर रहा है।

जब आप अपने कार्यों के पीछे सोच के बारे में जानते हैं, तो आप अपने नकारात्मक विचार टेप मिटा सकते हैं और उन्हें प्यार, संभावना, शक्ति और जादू के शब्दों से बदल सकते हैं। यह आपको इस बारे में अत्यधिक जानकारी देता है कि आप अपने दिन को किससे भरने के लिए चुनते हैं, इसलिए आप वह अधिक कर सकते हैं जो काम कर रहा है और जो काम नहीं कर रहा है उसे कम कर सकते हैं।

एक प्रेरक पुस्तक पढ़ना, एक दिन आपके जीवन को बेहतर बनाने के लिए नहीं है - यह आपके जीवन को बेहतर बनाने के लिए है। व्यक्तिगत विकास का पूरा बिंदु यह है कि आपके पास जो कुछ है उसका अधिक विस्तार करें, न कि आप जो सोचते हैं उसमें सुधार करें। जब आप छिपे हुए ज्ञान की खोज के लिए प्रत्येक पुस्तक को खजाने के नक्शे के रूप में देखते हैं, तो आप एक चंचल, जिज्ञासु रवैया अपनाते हैं जो आपको प्रत्येक पुस्तक को एक जमीनी, विस्तृत जगह से तलाशने देता है।

आपको विश्वास होने लगता है कि आप अधिक हो सकते हैं, अधिक कर सकते हैं और अधिक अनुभव कर सकते हैं। प्रेरक शब्दों का एक दैनिक आहार आपको यह पता लगाने के लिए प्रेरित करता है कि आप क्या करने में सक्षम हैं, और आपकी सीमाएँ कहाँ हैं ताकि आप उन्हें तोड़ सकें। इस तरह आप मजबूत और बेहतर बनते हैं - आप अपने आप को वहाँ जाने की हिम्मत करते हैं जहाँ आप पहले नहीं गए हैं, ताकि आप वह अनुभव कर सकें जो आपके पास पहले नहीं था। जब हम मानते हैं कि हम और अधिक हो सकते हैं, तो हम और अधिक करने और महसूस करने के लिए खिंचे चले आते हैं।

संचार कौशल: पढ़ने से आपकी शब्दावली में सुधार होता है और आपके संचार कौशल का विकास होता है। यह आपकी भाषा को रचनात्मक रूप से उपयोग करने का तरीका सीखने में मदद करता है। यह न केवल आपके संचार में सुधार करता है बल्कि यह आपको एक बेहतर लेखक भी बनाता है। जीवन के हर पहलू में अच्छा संचार महत्वपूर्ण है। ऐसी दुनिया में जहां सूचना नई मुद्रा है, पढ़ना निरंतर सीखने, ज्ञान एकत्र करने और विचार साझा करने के सर्वोत्तम स्रोतों में से एक है। पुस्तकें और लेख हमें दुनिया भर में घूमने, समय में वापस

यात्रा करने और भविष्य को देखने की क्षमता देते हैं, हमें विचारों, अवधारणाओं, प्रथाओं, भावनाओं और घटनाओं के बारे में गहन दृष्टिकोण प्रदान करते हैं। पढ़ना आपके दिमाग को नए विकल्पों के लिए खोल सकता है जिनके बारे में आप पहले नहीं जानते थे या उन पर विचार नहीं करते थे। यह वह सारी जानकारी है जिसे हम फिर दूसरों के साथ साझा कर सकते हैं। जितना अधिक हम पढ़ते हैं, उतना ही अधिक हमारा दिमाग कारण और प्रभाव को जोड़ने में सक्षम होता है। कारण और प्रभाव को संप्रेषित करने की क्षमता किसी भी तर्क, बिक्री पिच, बातचीत या कहानी का एक केंद्रीय घटक है। जैसे, एक अच्छी तरह से लिखा गया लेख या किताब इस तरह से संरचित होगी जो हमें बिंदु से बिंदु तक कूदने के बजाय अनुक्रम में सोचने में मदद करे।

प्रभावी संचार का पहला नियम अपने दर्शकों को जानना है। अन्य लोगों के बारे में पढ़ने से आपको उन्हें बेहतर ढंग से समझने में मदद मिल सकती है। जब आप किसी चीज़ के बारे में पढ़ते हैं और जब आप उसका अनुभव करते हैं तो मस्तिष्क के वही स्नायविक क्षेत्र उत्तेजित होते हैं। टेलीविजन देखने या रेडियो सुनने के विपरीत, पढ़ने से मस्तिष्क को रुकने, सोचने, प्रक्रिया करने और हमारे सामने वर्णनात्मक रूप की कल्पना करने का अधिक समय मिलता है। इसलिए, पढ़ना आपको किसी और की जगह पर रखने में मदद कर सकता है, उनके दिमाग में घुसने और उनके पास मौजूद चीजों का अनुभव करने में मदद कर सकता है। जितना अधिक आप किसी को समझते हैं, उतना ही अधिक आप अपने संचार को उनकी आवश्यकता के अनुरूप बना सकते हैं।

ज्ञान बढ़ाता हैः पुस्तकें आपको संस्कृतियों, परंपराओं, कलाओं, इतिहास, भूगोल, स्वास्थ्य, मनोविज्ञान और कई अन्य विषयों और जीवन के पहलुओं की एक झलक पाने में सक्षम बनाती हैं। आपको किताबों से अद्भुत ज्ञान और जानकारी मिलती है। पढ़ते समय, आपके मस्तिष्क को तथ्यों और विवरणों को याद रखना चाहिए जैसे पात्र, प्लॉट और सबप्लॉट। जैसे-जैसे आपका मस्तिष्क इस जानकारी को बनाए रखता है, आप नई यादें बना रहे होते हैं। इसका मतलब है कि नए सिनैप्स बनाए जा रहे हैं, और पुराने को मजबूत किया जा रहा है। यह आपके अल्पावधि और दीर्घकालिक स्मृति कार्यों में सुधार करता है

तनाव कम करता है: एक अच्छी किताब पढ़ना आपको एक नई दुनिया में ले जाता है और आपको अपने दिन-प्रतिदिन के तनाव को दूर करने में मदद करता है। आपके मन, शरीर और आत्मा पर इसके कई सकारात्मक प्रभाव पड़ते हैं। यह आपके मस्तिष्क की मांसपेशियों को उत्तेजित करता है और आपके मस्तिष्क को स्वस्थ और मजबूत रखता है। ससेक्स विश्वविद्यालय में कंसल्टेंसी माइंड लैब इंटरनेशनल के 2009 के एक अध्ययन में, परीक्षण में पाया गया कि पढ़ने से तनाव का स्तर 68 प्रतिशत कम हो जाता है, जिससे यह टहलने, एक कप चाय पीने या वीडियो गेम खेलने की तुलना में विश्राम का अधिक प्रभावी साधन बन जाता है। . किताबें पढ़ना, विशेष रूप से कथा साहित्य, मन और कल्पना को पूरी तरह से संलग्न करता है। कोई भी गतिविधि जिसमें ध्यान संबंधी गुण होते हैं जिसमें मस्तिष्क पूरी

तरह से एक ही कार्य पर केंद्रित होता है, तनाव को कम करने और विश्राम को बढ़ाने के लिए सिद्ध होता है। ससेक्स विश्वविद्यालय द्वारा किए गए एक अध्ययन में, जिन व्यक्तियों ने केवल छह मिनट के लिए पढ़ा था, धीमी हृदय गति, कम मांसपेशियों में तनाव और कम तनाव के स्तर का प्रदर्शन किया। अध्ययन करने वाले न्यूरोसाइंटिस्ट डॉ डेविड लेविस ने बताया कि पढ़ना, "केवल एक व्याकुलता से अधिक है, लेकिन कल्पना का एक सक्रिय रूप से आकर्षक है क्योंकि मुद्रित पृष्ठ पर शब्द आपकी रचनात्मकता को उत्तेजित करते हैं और आपको अनिवार्य रूप से एक परिवर्तित रूप में प्रवेश करने के लिए प्रेरित करते हैं। चेतना की स्थिति। यह पता चला है कि एक अच्छी किताब में खो जाना वास्तव में विश्राम का अंतिम रूप है। कम चिंता और तनाव से परे पढ़ने के लाभ का विस्तार होता है। अध्ययनों ने वृद्धावस्था में पढ़ने को अच्छे मस्तिष्क स्वास्थ्य से जोड़ा है। जो लोग अपने पूरे जीवनकाल में नियमित रूप से पढ़ते हैं, उनकी उम्र बढ़ने के साथ मानसिक क्षमता में वृद्धि देखी गई। वे व्यक्ति जो अपने पूरे जीवन में कम बार पढ़ते हैं और बुढ़ापे में अपने दिमाग को व्यस्त नहीं रखते थे, उन्होंने मानसिक गिरावट की दर का अनुभव किया जो उनके दिमाग को जीवन भर सक्रिय रखने वालों की तुलना में 48 प्रतिशत तेज था। एक अध्ययन में संज्ञानात्मक आधारित गतिविधियों जैसे पढ़ने और अल्जाइमर रोग के विकास की कम संभावना के बीच एक सकारात्मक संबंध पाया गया। हृदय की तरह, मस्तिष्क एक मांसपेशी है जिसे हमारे जीवनकाल में अपनी पूरी क्षमता से कार्य करने के लिए देखभाल करने की आवश्यकता होती है।

संयुक्त राज्य अमेरिका में पांच में से एक वयस्क अपने जीवन में किसी समय मानसिक बीमारी का अनुभव करता है। वयस्कों को मानसिक बीमारी से निपटने में मदद करने के लिए स्व-सहायता पुस्तकें पढ़ना एक प्रभावी तरीका साबित हुआ है। यूके में, डॉक्टरों ने मानसिक स्वास्थ्य की स्थिति वाले रोगियों के लिए बिब्लियोथेरेपी, या पुस्तकों के उपयोग के माध्यम से उपचार के दृष्टिकोण को अपनाया है। डॉक्टर मरीज के नुस्खे के हिस्से के रूप में आवश्यक पढ़ने को शामिल कर रहे हैं। लक्ष्य पढ़ने के लाभों को इस तरह लाना है जैसे कि तनाव में कमी, बेहतर मानसिक स्वास्थ्य और स्वस्थ मस्तिष्क कार्य पर्याप्त नहीं थे, पढ़ने से व्यक्तियों को अधिक सहानुभूतिपूर्ण बनने और अपनी आत्म-जागरूकता बढ़ाने में भी मदद मिल सकती है। विशेष रूप से, साहित्यिक कथा पढ़ने से दूसरों की समझ बढ़ सकती है और रिश्तों में सुधार हो सकता है। जैसे-जैसे पाठक कहानी में तल्लीन होते जाते हैं, वे पात्रों के साथ सहानुभूति रखते हैं और उनकी प्रेरणा और व्यवहार पैटर्न सीखते हैं। यह मानव व्यवहार के बारे में एक व्यक्ति की समझ को बढ़ाता है जो ज्ञान है जो एक उपन्यास के बाहर जीवन को आगे बढ़ाता है। इसके अलावा, जब पाठक उन उपन्यासों का चयन करते हैं जो उनकी अपनी संस्कृतियों के अलावा अन्य संस्कृतियों के साथ स्थापित होते हैं, तो वे विविध मानव आबादी और दृष्टिकोणों के बारे में जागरूकता विकसित करते हैं। इन सभी लाभों के साथ, इसमें कोई संदेह नहीं है कि पढ़ना वास्तव में अवकाश गतिविधियों का पावरहाउस

है। जो लोग अक्सर पढ़ते हैं वे अधिक सहानुभूतिपूर्ण हो जाते हैं। दिमाग के लिए पढ़ना वही है जो शरीर के लिए व्यायाम है।" सैकड़ों साल बाद, यह उद्धरण अधिक सत्य नहीं हो सका। पिछले कुछ दशकों में किए गए अध्ययनों ने पढ़ने के वैज्ञानिक लाभों को सिद्ध किया है। एक अच्छी किताब पढ़ना न केवल सुखद है, यह आपके मानसिक और भावनात्मक स्वास्थ्य पर सकारात्मक प्रभाव डाल सकता है।

यह एक सिद्ध तथ्य है कि पढ़ने से तनाव कम करने में मदद मिल सकती है। हम में से बहुत से लोग इस सरल कार्य को हल्के में लेते हैं, क्योंकि हमारे दैनिक जीवन में बहुत कुछ "आवश्यक" है - समाचार पत्र, यातायात संकेत, ईमेल और बिल। लेकिन हम कितनी बार आनंद के लिए पढ़ते हैं?

पढ़ना रोजमर्रा की जिंदगी के तनाव से बचने का एक अद्भुत (और स्वस्थ) तरीका हो सकता है। बस एक किताब खोलकर, आप अपने आप को एक साहित्यिक दुनिया में आमंत्रित करने की अनुमति देते हैं जो आपको अपने दैनिक तनावों से विचलित करती है। पढ़ना आपके हृदय गति को कम करके और आपकी मांसपेशियों में तनाव को कम करके आपके शरीर को भी आराम दे सकता है। यह अन्य विश्राम विधियों की तुलना में बेहतर और तेज़ काम करता है, जैसे संगीत सुनना या गर्म कप चाय पीना। ऐसा इसलिए है क्योंकि आपके मन को एक साहित्यिक दुनिया में आमंत्रित किया जाता है जो आपके दैनिक जीवन को प्रभावित करने वाले तनावों से मुक्त है।

बड़ी खुशी: जब मैं कोई किताब पढ़ता हूं, तो मैं उसे खुशी के लिए पढ़ता हूं। मैं बस खुद को पढ़ने में व्यस्त रखता हूं और एक पूरी नई दुनिया का अनुभव करता हूं। एक बार जब मैं एक किताब पढ़ना शुरू करता हूं, तो मैं इतना मोहित हो जाता हूं कि जब तक मैं समाप्त नहीं कर लेता, मैं इसे कभी नहीं छोड़ना चाहता। एक अच्छी किताब पढ़ने और जीवन भर के लिए इसे संजोने में हमेशा बहुत खुशी मिलती है। पढ़ना केवल कुछ ऐसा नहीं है जो बच्चों को स्कूल में करना चाहिए, यह हमारे जीवन का एक दैनिक हिस्सा होना चाहिए और ऐसा कुछ जिसे हम हर उम्र में करना चुनते हैं।

शोध से यह भी पता चला है कि जो छात्र यह चुनते हैं कि वे क्या और कहाँ पढ़ते हैं वे अधिक प्रेरित होते हैं, अधिक पढ़ते हैं और अधिक भाषा और साक्षरता विकास दिखाते हैं। लंदन विश्वविद्यालय के अंग शिक्षा संस्थान के शिक्षाविदों द्वारा किए गए अध्ययन में पाया गया कि पढ़ने का शब्दावली विकास पर सबसे मजबूत प्रभाव पड़ा, लेकिन गणित और वर्तनी पर प्रभाव भी महत्वपूर्ण था।

आपकी कल्पना और रचनात्मकता को बढ़ाता है: पढ़ना आपको कल्पना की दुनिया में ले जाता है और आपकी रचनात्मकता को बढ़ाता है। पढ़ने से आपको जीवन को विभिन्न दृष्टिकोणों से तलाशने में मदद मिलती है। जब आप किताबें पढ़ते हैं तो आप अपने दिमाग में नए और रचनात्मक विचारों, छवियों और विचारों का निर्माण कर रहे होते हैं। यह आपको रचनात्मक रूप से सोचने, कल्पना करने और अपनी कल्पना का उपयोग करने के लिए

मजबूर करता है। पढ़ना मजेदार और आकर्षक है, लेकिन पढ़ने के सबसे मनोरंजक हिस्सों में से एक शायद दूसरी दुनिया में कदम रखना और खुद को उस किताब की सेटिंग में डुबो देना है।

चाहे वह एक नया क्षेत्र हो, ड्रेगन से लड़ना हो या किसी डायस्टोपिया में जीवित रहने की कोशिश करना हो, यह स्पष्ट हो जाता है कि पढ़ने से कल्पना में सुधार होता है। आपकी कल्पना वह है जो आपको कल्पना के अच्छे काम के पन्नों के बीच जादुई दुनिया में ले जाने देती है। अब, अल्बर्ट आइंस्टीन के बारे में किसने नहीं सुना है? हम सब उसके बारे में सुना है, है ना? लेकिन क्या आप जानते हैं कि उनका मानना था कि कल्पना ज्ञान से ज्यादा महत्वपूर्ण है? उसने सोचा कि जिसके पास महान कल्पना है वह औसत से अधिक कल्पनाशील मानव बनाने और खोजने की क्षमता भी रखता है।

आजकल, वैज्ञानिक इस निष्कर्ष पर पहुंचे हैं कि पढ़ने से मस्तिष्क के दाहिने हिस्से को उत्तेजित करके वास्तव में आपकी कल्पना को व्यापक बनाने में मदद मिल सकती है। हम यहाँ तक कह सकते हैं कि पढ़ने से सचमुच हमारे दिमाग को नई अवधारणाओं और संभावनाओं के लिए खोल दिया जाता है।

कल्पना के कई सिद्ध लाभ हैं : यह रचनात्मकता और नवीन सोच को प्रोत्साहित करता है। कल्पना के अपनी भूमिका निभाए बिना, लोग नए विचारों या आविष्कारों के साथ नहीं आ पाएंगे जो हमारे समाज को समग्र रूप से आगे बढ़ाने में मदद करते हैं। और पढ़ना कल्पनाशीलता को बढ़ाने का एक महत्वपूर्ण हिस्सा है।

इससे कोई इंकार नहीं है, निश्चित रूप से। स्वस्थ रहने के लिए हमारे दिमाग को सक्रिय रखने की जरूरत है और पढ़ना दिमाग के लिए एक बेहतरीन व्यायाम है। जितना अधिक आप पढ़ते हैं, उतना ही बेहतर आप ध्यान केंद्रित करते हैं और बेहतर आप विचारों और नई अवधारणाओं की कल्पना कर पाएंगे।

अपने विश्लेषणात्मक कौशल विकसित करता है: सक्रिय पढ़ने से, आप जीवन के कई पहलुओं का पता लगाते हैं। इसमें आप जो पढ़ते हैं उस पर सवाल करना शामिल है। यह आपको अपने विचारों को विकसित करने और अपनी राय व्यक्त करने में मदद करता है। सक्रिय पढ़ने से आपके दिमाग में नए विचार और विचार आते हैं। यह आपके मस्तिष्क को उत्तेजित और विकसित करता है और आपको एक नया दृष्टिकोण देता है। किताबें पढ़ना न केवल विश्लेषणात्मक कौशल को सुधारने का एक प्रभावी तरीका है, बल्कि यह मजेदार भी है! पता लगाएं कि विश्लेषणात्मक कौशल क्या हैं और कथा पढ़कर आप उन्हें कैसे सुधार सकते हैं

विश्लेषणात्मक कौशल को सभी उपलब्ध सूचनाओं का उपयोग करके सरल और जटिल दोनों समस्याओं को देखने, अवधारणा बनाने और हल करने की क्षमता के रूप में परिभाषित किया गया है। विश्लेषणात्मक कौशल में विभिन्न कौशल की एक विस्तृत श्रृंखला शामिल हो सकती है, लेकिन ये सभी महत्वपूर्ण सोच और कुशल समस्या समाधान के लिए

आवश्यक हैं। बाइक चलाने से लेकर किसी कार्यक्रम की योजना बनाने तक, हम हर दिन इन कौशलों का उपयोग करते हैं। जानकारी एकत्र करना विश्लेषणात्मक सोच का एक और महत्वपूर्ण हिस्सा है और इसमें आपके विचार से अधिक प्रयास की आवश्यकता होती है! यह काफी हद तक है क्योंकि आप नहीं जानते कि आप क्या नहीं जानते हैं। इसे खोजने के लिए, आपको यह जानना होगा कि अंतराल को भरने के लिए जानकारी कहाँ से प्राप्त करें। आप इसे अपने जीवन में घटनाओं को देखकर या वैज्ञानिक लेख पढ़कर कर सकते हैं।

नियमित पढ़ने से मस्तिष्क के कार्य पर सकारात्मक प्रभाव पड़ता है। यह मस्तिष्क को उत्तेजित करता है और एक बच्चे को विश्लेषणात्मक रूप से सोचने की अनुमति देता है।

जब कोई बच्चा पढ़ने में सक्रिय रूप से शामिल होता है, तो वे अलग-अलग दृष्टिकोण प्राप्त करते हैं, प्रश्न पूछते हैं, पैटर्न की पहचान करते हैं और संबंध बनाते हैं। और जितना अधिक वे पढ़ते हैं, उतना ही वे पैटर्न को आसानी से पहचान सकते हैं, जो उनकी आलोचनात्मक सोच और विश्लेषणात्मक कौशल बनाने में मदद करता है।

पढ़ने के लिए विभिन्न पात्रों के साथ तालमेल बिठाने और यह याद रखने की आवश्यकता होती है कि क्या हुआ और किसके साथ हुआ। पाठक को भविष्यवाणियां और निष्कर्ष भी बनाने की जरूरत है। इससे उनका दिमाग सक्रिय रहता है।

आज के बच्चे इंटरनेट पर बहुत समय बिताते हैं, कभी-कभी बड़ों से भी ज्यादा। यह उनके मस्तिष्क को निरंतर गति में रखता है और विश्लेषणात्मक रूप से सोचना कठिन बनाता है। मस्तिष्क एक मांसपेशी की तरह है; सतर्क और चुस्त रहने के लिए इसे नियमित व्यायाम की आवश्यकता होती है, और पढ़ना इसे प्राप्त करने का एक शानदार तरीका है।

बोरियत कम करता है: तमाम सोशल साइट्स के बावजूद लंबे समय तक यात्रा करना या काम से लंबी छुट्टी काफी उबाऊ हो सकती है। किताबें काम आती हैं और आपको बोरियत से मुक्त करती हैं।

पढ़ने की आदत उन सर्वोत्तम गुणों में से एक है जो एक व्यक्ति के पास हो सकते हैं। किताबें किसी कारण से आपकी सबसे अच्छी दोस्त मानी जाती हैं। इसलिए पढ़ने की अच्छी आदत विकसित करना बहुत जरूरी है। पढ़ने के मीठे फलों का आनंद लेने के लिए हम सभी को रोजाना कम से कम 30 मिनट पढ़ना चाहिए। किसी शांत जगह पर बैठकर पढ़ने में बड़ा आनंद आता है। एक अच्छी किताब पढ़ना सबसे सुखद अनुभव होता है।

अब मैं चर्चा करूंगा कि आपकी पढ़ने की गति को कैसे बढ़ाया जाए।

रोजाना पढ़ना- पढ़ने के कई फायदे हैं जिनमें आपकी याददाश्त और शब्दावली में सुधार, आपको नई चीजें सीखने में मदद करना और फोकस और एकाग्रता में सुधार करना शामिल है। बहुत सारे लोग कहते हैं कि वे पढ़ने की आदत विकसित करना चाहते हैं लेकिन समय की कमी के कारण नहीं कर पाते हैं। मैं अपने जीवन में एक बिंदु पर खुद उन लोगों में से एक था। अधिक पढ़ने और दैनिक पढ़ने की आदत विकसित करने में मेरी मदद करने के लिए मैंने कई युक्तियों का उपयोग किया है। मैंने इन्हें नीचे रेखांकित किया है

एक पठन सूची बनाएं मैं निश्चित रूप से सुझाव दूंगा कि आप उन पुस्तकों की एक सूची बनाकर शुरुआत करें जिन्हें आप पढ़ना चाहते हैं। उदाहरण के लिए, आप उन उपन्यासों की एक सूची बना सकते हैं जिन्हें आप हमेशा से पढ़ना चाहते थे, लेकिन आपको कभी पढ़ने का मौका नहीं मिला, या उन किताबों की एक सूची बना सकते हैं जिन्हें पढ़ने के लिए आपको किसी ऐसे विषय या अध्ययन के क्षेत्र के बारे में कुछ सीखने की आवश्यकता है, जिसमें आपकी रुचि है। अपनी स्वयं की सूचियाँ बनाने के अलावा, आप उन सूचियों का भी उपयोग कर सकते हैं जिन्हें अन्य लोगों ने बनाया है।

एक लक्ष्य निर्धारित करें अपने आप को अधिक पढ़ने के लिए प्रेरित करने का एक अच्छा विचार एक लक्ष्य निर्धारित करना है। उदाहरण के लिए, आप इस वर्ष पुस्तकों की एक निश्चित संख्या या प्रत्येक दिन निश्चित संख्या में पृष्ठों को पढ़ने का लक्ष्य निर्धारित कर सकते हैं और फिर उस लक्ष्य तक पहुँचने के लिए काम कर सकते हैं। अपने पठन लक्ष्यों को हासिल करने में मदद के लिए आप जिन कुछ उपकरणों का उपयोग कर सकते हैं उनमें बुकली ऐप और GoodReads.com पठन चुनौती शामिल हैं।

पढ़ने का समय निर्धारित करें

यह सुनिश्चित करने के लिए कि आप हर दिन पढ़ेंगे, आपको पढ़ने को अपने दिन में शेड्यूल करना होगा। आप सुबह सबसे पहले पढ़ सकते हैं, अपनी यात्रा के दौरान, सोने से पहले या दोपहर के भोजन के दौरान भी।

पढ़ने के लिए एक अच्छी जगह खोजें

कुछ ऐसा जो आपको अधिक पढ़ने में मदद करेगा, पढ़ने के लिए एक अच्छी जगह ढूंढ रहा है। यह अधिमानतः कहीं शांत होना चाहिए, बिना किसी विकर्षण के। आप अपने बिस्तर में, एक आरामदायक कुर्सी या सोफे पर, एक पार्क बेंच पर और निश्चित रूप से - पुस्तकालय में पढ़ सकते हैं।

विकर्षणों को दूर करें

किसी भी विकर्षण को समाप्त करना सुनिश्चित करें जो आपके पढ़ने में बाधा उत्पन्न कर सकता है - टीवी बंद करें और अपने स्मार्टफोन को साइलेंट पर रखें।

सक्रिय रूप से पढ़ें

जबकि निष्क्रिय पठन बिल्कुल न पढ़ने से बेहतर है, मैं अत्यधिक सुझाव दूंगा कि आप पठन के लिए एक सक्रिय दृष्टिकोण का प्रयास करें। जब मैं कहता हूं "सक्रिय रूप से पढ़ें", तो मेरा मतलब है कि आप जो पढ़ रहे हैं उसके बारे में सोचें, उन अंशों को हाइलाइट करें जो आपको लगता है कि महत्वपूर्ण या दिलचस्प हैं, टिप्पणियों और नोट्स को या तो पुस्तक के मार्जिन पर या एक अलग नोटबुक में लिखें। यदि आप अपने स्मार्टफोन या अपने ईबुक रीडर पर पढ़ रहे हैं, तो उनकी हाइलाइटिंग और नोट सुविधाओं का लाभ उठाएं।

एक पठन पत्रिका रखें

मैं एक पढ़ने वाली पत्रिका रखने की अत्यधिक अनुशंसा करता हूं जहां आप अपनी पसंद के उद्धरण लिख सकते हैं, जो किताबें आपने पढ़ी हैं उन्हें रिकॉर्ड कर सकते हैं, किताब से संबंधित किसी भी विचार को लिख सकते हैं और साथ ही आपने जो पढ़ा है उस पर आपकी कोई भी टिप्पणी हो सकती है। आप अपनी याददाश्त को ताज़ा करने या नए विचार प्राप्त करने के लिए बाद में इनकी समीक्षा कर सकते हैं।

आप जहां भी जाएं एक किताब लेकर जाएं

हमेशा अपने साथ कुछ पठन सामग्री रखें, या तो भौतिक पुस्तक के रूप में, या अपने स्मार्टफोन या ईबुक रीडर पर ईबुक के रूप में। इस तरह आप जब भी मौका मिले पढ़ सकते हैं। यह आपको अपने फेसबुक या इंस्टाग्राम फीड को स्क्रॉल करने के बजाय अपने दिन के उन छोटे ब्रेक को पढ़ने में खर्च करने की अनुमति देता है।

जानिए कब छोड़ना है

ऐसा महसूस न करें कि आपको हर उस किताब को पूरा करना है जिसे आप शुरू करते हैं। यदि आप जो किताब पढ़ रहे हैं वह उबाऊ है या वह नहीं है जिसकी आपने कल्पना की थी, तो बस उसे छोड़ दें और दूसरी किताब पढ़ना शुरू करें। एक अच्छा नियम जो मुझे उपयोग करना पसंद है वह है 50 पेज का नियम। मैं जो भी किताब शुरू करता हूँ उसके पहले 50 पन्ने पढ़ता हूँ। यदि 50 पृष्ठों के बाद भी मुझे इसका मज़ा नहीं आता है, तो मैं बस छोड़ देता हूँ और दूसरी किताब पर चला जाता हूँ।

मनोरंजन के अन्य रूपों को पढ़ने से बदलें

अधिक पढ़ने का एक अच्छा तरीका मनोरंजन के अन्य रूपों को पढ़ने से बदलना है। उदाहरण के लिए, टीवी या फिल्में देखने, वीडियो गेम खेलने या इंस्टाग्राम पर एक्सप्लोर टैब को बिना सोचे-समझे ब्राउज़ करने के बजाय - एक किताब पढ़ें। यह आपको हर साल बहुत अधिक किताबें पढ़ने की अनुमति देगा।

एक ही समय में कई पुस्तकें पढ़ें

मुझे एक ही समय में कई किताबें पढ़ना पसंद है। जब भी मैं किसी किताब से ऊब जाता हूं या मैं गति में बदलाव करना चाहता हूं, मैं बस एक अलग किताब पर स्विच करता हूं। ऐसा करने का एक शानदार तरीका यह है कि हमेशा एक फिक्शन किताब और एक नॉन-फिक्शन किताब एक ही समय में पढ़ें।

एक पढ़ने वाला साथी प्राप्त करें

आप अपने पठन लक्ष्यों के प्रति खुद को जवाबदेह बनाए रखने में मदद के लिए एक पठन साथी भी प्राप्त कर सकते हैं। यह आपका कोई मित्र, कोई महत्वपूर्ण अन्य या कोई सहकर्मी हो सकता है। आप अपने पढ़ने वाले साथी के साथ उसी किताब को पढ़ना शुरू कर सकते हैं और फिर पढ़ते समय उस पर चर्चा कर सकते हैं या एक बार जब आप दोनों किताब पढ़ लें।

मुझे उम्मीद है कि ये सुझाव आपको अधिक पढ़ने और दैनिक पढ़ने की आदत विकसित करने में मदद करेंगे। अब जाओ और एक किताब पढ़ो!

यदि आप पढ़ने के लिए एक विशेष समय बनाते हैं तो यह निश्चित रूप से आपके पढ़ने के कौशल को सुधारने में आपकी मदद करेगा।

गति में सुधार-

स्पीड रीडिंग व्यक्तिगत शब्दों की पहचान करने के बजाय एक पृष्ठ पर सभी वाक्यांशों या वाक्यों को तेजी से पहचानने और अवशोषित करने की प्रक्रिया है।

हमारे द्वारा संसाधित की जाने वाली जानकारी की मात्रा दिन-ब-दिन बढ़ती जा रही है, चाहे वह ईमेल, रिपोर्ट और कार्यस्थल पर वेबसाइटें हों, या घर पर सोशल मीडिया, किताबें और पत्रिकाएँ हों। सबसे पहले, आप शब्द दर शब्द पढ़ना शुरू करते हैं फिर हम वाक्य दर वाक्य पढ़ते हैं और फिर हम पंक्ति दर पंक्ति पढ़ते हैं और फिर हम पृष्ठ दर पृष्ठ पढ़ते हैं। यह तब संभव है जब आप अपने पढ़ने के कौशल में सुधार करने के लिए लगातार अभ्यास करेंगे, यदि आप इस कौशल को प्राप्त कर लेते हैं तो मैं कहूंगा कि आप अपने पढ़ने के लक्ष्यों को आसानी से प्राप्त कर सकते हैं। जब आप तेजी से पढ़ सकेंगे तो आपको कभी बोरियत महसूस नहीं होगी।

पढ़ने की पहली बुरी आदत सबवोकलाइज़ेशन है। "यह आपके दिमाग की वह छोटी आवाज है जिसका इस्तेमाल आप समय-समय पर पढ़ते समय करते हैं। छोटी उम्र से, हम में से कई लोगों को जोर से पढ़ना सिखाया जाता है, और जैसे-जैसे हम आगे बढ़ते हैं, हम अपने दिमाग में पढ़ते हैं, अक्सर, हमें पता भी नहीं होता कि हम ऐसा कर रहे हैं। यह समस्या क्यों है? क्योंकि लोगों की बोलने की औसत गति 100–160 शब्द प्रति मिनट होती है, इसलिए हमारी पढ़ने की गति फलस्वरूप प्रभावित होती है। "अगर हम तेजी से पढ़ना चाहते हैं, तो हमें शब्दों को सुनने के बजाय देखना शुरू करना चाहिए," एक त्वरित चाल यह है कि आप पढ़ते समय अपनी जीभ की नोक को अपने मुंह की छत पर दबाएं। यह आपको अनायास ही शब्दों को बोलने से रोकेगा और आपके मस्तिष्क के लिए एक व्याकुलता भी प्रदान करेगा।

पढ़ते समय आप शास्त्रीय या वाद्य संगीत सुनने का भी प्रयास कर सकते हैं। यह आपके पढ़ने-जोर से आंतरिक आवाज को म्यूट करने में मदद कर सकता है और आपको जुड़ाव के लिए अनुकूल स्थिति में रखता है।

पढ़ने की दूसरी बुरी आदत प्रतिगमन है । नहीं, यह युवा-वयस्क उपन्यासों या हास्य पुस्तकों के लिए आपके शौक के बारे में नहीं है; वे बिल्कुल ठीक हैं। प्रतिगमन तब होता है जब आप किसी पृष्ठ के अंत में या किसी लेख के आधे रास्ते तक पहुँचते हैं और महसूस करते हैं कि आपने जो पढ़ा है उसे आपने नहीं लिया है। या आप किसी विशेष व्यक्ति या शब्द से मिलते हैं और उन्हें बिल्कुल भी याद नहीं रख पाते हैं। अंत में आपको वापस जाना होगा और फिर से शुरू करना होगा। ऐसा बार-बार हो सकता है। इसका कारण समझ की कमी नहीं, बल्कि एकाग्रता की कमी है। भले ही हमें लगता है कि हम लगन से पढ़ रहे हैं, हम

विचलित हो गए हैं।

इसे कैसे बदलें: आप जो पढ़ रहे हैं उसमें अपनी रुचि को फिर से जगाकर आप शुरुआत कर सकते हैं। "जब हमारा मस्तिष्क भटकता है, तो इसका कारण यह है कि हम निष्क्रिय हो गए हैं। हमें जिज्ञासु होने की जरूरत है, "

सक्रिय रूप से जिज्ञासु बनें - अपने भीतर के जिज्ञासु बच्चे पर टैप करें, जो मांग करता है, "लेकिन इसका क्या मतलब है?" और वह कौन है?" अनुशंसित अन्य प्रश्न "मैं क्या खोज रहा हूँ?" और "मुझे कौन से प्रमुख शब्द और आंकड़े खोजने होंगे?" आप भी हर कुछ मिनटों में जांच कर सकते हैं और बस अपने आप से पूछ सकते हैं, "मैंने अब तक क्या सीखा है?"

इस समस्या से निपटने का दूसरा तरीका ग्लाइडिंग कहलाता है। क्रेडिट कार्ड या लिफाफे जैसी किसी वस्तु का उपयोग करते हुए, जैसे ही आप उन्हें पढ़ते हैं, वाक्यों को ढक दें; जैसे-जैसे आप आगे बढ़ते हैं शील्ड को अपने पेज (या डिवाइस) से नीचे ले जाएं।

"ग्लाइडिंग के बारे में सबसे अच्छी बात यह है कि यह आपके द्वारा अभी-अभी पढ़े गए वाक्य को फिर से पढ़ने के लिए आपके सुरक्षा जाल को हटा देता है - जिसका अर्थ है कि आपको उस वाक्य पर ध्यान देना होगा जिसे आप पढ़ रहे हैं क्योंकि आप जानते हैं कि आपके पास वापस जाने का कोई तरीका नहीं है। "

एक अंतिम रणनीति बाहरी है - परिवेश चुनें जो आपको पढ़ते समय ध्यान केंद्रित करने की अनुमति देगा। कुछ लोगों के लिए, इसका मतलब पुस्तकालय जैसी खामोशी वाली जगहें हो सकती हैं। लेकिन अगर यह आपके लिए काम नहीं करता है,

एक कॉफी शॉप की कोशिश करना जहां अन्य लोग काम कर रहे हों। वे कहते हैं, कई कैफे ने "एक ऐसा वातावरण बनाना सीख लिया है जो उत्पादकता के लिए इष्टतम है - बहुत ज़ोर से नहीं, जहां आप अपने आस-पास क्या चल रहा है उससे विचलित हो जाते हैं, और बहुत शांत नहीं, जहां आपका मस्तिष्क भटकने लगता है।"

पढ़ने की तीसरी बुरी आदत फिक्सेशन है। फिक्सेशन पृष्ठ पर बिंदु हैं या जब हम पढ़ते हैं तो स्क्रीन पर हमारी आंखें ठीक हो जाती हैं; हम अनजाने में यादृच्छिक स्थानों पर रुके रह सकते हैं, जो हमारी गति को बाधित करता है।

इसे कैसे बदलें: पेसर का उपयोग करना — वाक्यों को पढ़ते समय उनकी ओर इंगित करने वाला टूल, जो आपकी आंखों को चलते रहने के लिए प्रशिक्षित कर सकता है। यह आपकी उंगली, पेन, यहां तक कि आपका कर्सर भी हो सकता है। इसके दो मुख्य लाभ हैं,

"एक, यह हमारी पढ़ने की गति को बनाए रखता है। अक्सर, जब हम पढ़ते हैं, तब तक हमें पता ही नहीं चलता कि हम कितना तेज़ या धीमा पढ़ रहे हैं, जब तक कि बहुत देर नहीं हो जाती। नंबर दो, यह हमारी आँखों को तेजी से पढ़ने के लिए बढ़ाता है और प्रोत्साहित करता है क्योंकि हमें त्वरित तरीके से पढ़ने के लिए मजबूर किया जाता है।

इन आदतों को लागू करके और कुछ अन्य शॉर्टकट्स का उपयोग करके हम तेजी से पढ़ सकते हैं।

लेकिन वह चाहते हैं कि लोग जानें कि स्पीड रीडिंग "एक महाशक्ति है जिसे आप चालू और बंद कर सकते हैं।" जिस तरह से आप अपनी चलने की गति को संदर्भ में बदलते हैं - आप एक पार्क में चहलकदमी करेंगे और सुपरमार्केट तक पहुंचने के लिए रेस-वॉक करेंगे, इससे पहले कि यह बंद हो जाए - आपको यह समायोजित करना चाहिए कि आप कैसे पढ़ रहे हैं, यह इस पर निर्भर करता है कि यह आनंद के लिए है या जरूरत के लिए . इसलिए, जब आप आनंद के लिए जो कुछ भी पढ़ते हैं, उसका उपभोग करने के लिए तैयार हो जाते हैं, तो उसका स्वाद लेने के लिए कुछ समय निकालें ।

5

लेखन कौशल सीखें

जेसन फ्राइड ने अपनी पुस्तक रीवर्क में कहा है कि बेसकैंप में, जिस कंपनी में वह सह-संस्थापक और सीईओ हैं, उनमें से एक क्षमता जिसमें वे लोगों को काम पर रखने में रुचि रखते हैं, उनकी लेखन क्षमता है, इससे कोई फर्क नहीं पड़ता कि वे बिक्री वाले लोग हैं, प्रोग्रामर हैं, या डिजाइनरों। कारण सरल है: स्पष्ट लेखन स्पष्ट सोच का प्रतीक है। अच्छे लेखक संवाद करना जानते हैं, वे चीजों को समझना आसान बनाते हैं और वे जानते हैं कि अनावश्यक को कब छोड़ना है।

क्या इसका मतलब यह है कि आपको अपने कार्यों को करते समय अधिक प्रभावी होने के लिए साहित्य और व्याकरण की कक्षाओं में भाग लेना होगा? नहीं, आपके पास पहले से ही सभी आवश्यक ज्ञान हैं। आप लिखकर लिखना सीखते हैं। यदि आप अपने विचारों, भावनाओं, लक्ष्यों आदि को इस तरह व्यक्त करने के अभ्यस्त हो जाते हैं, तो आप महत्वपूर्ण लाभ प्राप्त करेंगे:

1. आप स्पष्टता के साथ संवाद करेंगे । बात करने के विपरीत, जब आप लिखते हैं तो आप अपने दिमाग में जो कुछ है उसका वर्णन करने के लिए अधिक परिष्कृत शब्दों और अभिव्यक्तियों की तलाश करते हैं। यह आपको एक संरचना बनाने में मदद करता है जो आपको अपने आप को बेहतर ढंग से अभिव्यक्त करने और जटिल विचारों को अधिक प्रभावी तरीके से संप्रेषित करने की अनुमति देगा।

2. आप तनाव को दूर करेंगे । उसी तरह जीटीडी में आप अपने दिमाग को खाली कर देते हैं - इसमें आने वाली हर चीज पर कब्जा कर लेते हैं - तनाव को खत्म करने के लिए जो आपके सिर पर बहुत सी चीजों को मारने का कारण बनता है, अपने विचारों को लिखना और विकसित करना एक प्रवर्धित प्रभाव पैदा करता है क्योंकि न केवल आप उन्हें लेते हैं आपके दिमाग से बाहर लेकिन साथ ही युक्तिकरण की पूरी प्रक्रिया जो अन्यथा अमूर्त रूप से वहीं रहेगी।

3. **आप अधिक उत्पादक होंगे** । लेखन आपके मस्तिष्क में न्यूरॉन्स को सक्रिय करता है और इसे बाकी कार्यों को पूरा करने के लिए तैयार करता है (आप इसे दिन की शुरुआत में एक तरह के वार्म-अप के रूप में उपयोग कर सकते हैं)। इसके अलावा, अपने कार्यों को उपयुक्त शब्दों के साथ लिखने से आप उन्हें ठीक से पूरा करने के लिए तैयार होते हैं। अंत में, यह प्रदर्शित किया गया है कि लिखित रूप में अपने लक्ष्यों को निर्धारित करने से उन्हें प्राप्त करने की संभावना काफी बढ़ जाती है।

4. **आप और जानेंगे** । आपके द्वारा प्राप्त की गई जानकारी को अपने शब्दों में लिखने से आपको ज्ञान को आत्मसात करने और समेकित करने में मदद मिलती है, अन्यथा आप जल्द ही भूल जाएंगे।

5. **आपको अपनी वास्तविकता का बोध होगा** । यदि आप लिखते हैं कि आपके मन में हर दिन क्या है, आप क्या हासिल करने की उम्मीद करते हैं और इसके अनुसार आप कैसा महसूस करते हैं, तो आपको यह समझाने के लिए मनोवैज्ञानिक की आवश्यकता नहीं होगी कि आप कौन हैं। आपको खुद पता चल जाएगा।

यह

6. **आप बेहतर निर्णय लेंगे** । लिखते समय आप अपने विचारों को स्पष्ट करते हैं और जाहिर है, एक स्पष्ट सोच आपको बेहतर चुनाव करने की अनुमति देती है।

7. **आप ज्यादा खुश रहेंगे** । यह पिछले दो बिंदुओं का तत्काल परिणाम है। सार्वजनिक ब्लॉग लिखने की कोई आवश्यकता नहीं है, एक प्रकार की व्यक्तिगत पत्रिका पूरी तरह मान्य है।

8. **आप अधिक केंद्रित रहेंगे** । यदि आप लगातार अपने विचारों के बारे में लिखते हैं तो आप कभी भी दृष्टि से ओझल नहीं होंगे कि आप क्या हासिल करना चाहते हैं, जो आपके सपने हैं।

9. **आप कठिन क्षणों को तेजी से दूर करेंगे** । कुछ शोध हैं जो बताते हैं कि जो लोग लिख रहे हैं कि क्या हो रहा है वे कठिन क्षणों को उन लोगों की तुलना में जल्दी पार करते हैं जो नहीं करते हैं।

10. **आपके पास बहुत सारी लिखित यादें होंगी** । यदि आप प्रत्येक दिन लिखते हैं, तो आपके पास अपने विचारों का एक ऐतिहासिक रिकॉर्ड होगा, शायद एक साधारण फोटो एल्बम की तुलना में कुछ अधिक दिलचस्प। और, कौन जानता है, शायद आप एक किताब प्रकाशित करना समाप्त कर दें;)

इसलिए खूब लिखें और हर दिन लिखें।

लेखन कौशल में सुधार के तरीके।

ईमेल भेजने से लेकर प्रेजेंटेशन तैयार करने तक, विविध उद्योगों में फैले कई व्यवसायों में लेखन अक्सर एक दिन-प्रतिदिन का कार्य होता है। लेखन कौशल व्याकरण और वर्तनी से परे है। सटीकता, स्पष्टता, प्रेरकता, और कई अन्य तत्व यह सुनिश्चित करने में एक

भूमिका निभाते हैं कि आपका लेखन सही संदेश दे रहा है। लेखन एक तकनीकी कौशल है जो आपको लिखित शब्द के माध्यम से प्रभावी ढंग से संवाद करने की अनुमति देता है। हालांकि आप जो लिख रहे हैं उसके आधार पर ये अलग-अलग हो सकते हैं, लेकिन ऐसे कई हैं जो श्रेणियों से आगे हैं। लेखन कौशल में अधिक विशेष रूप से शामिल हो सकते हैं:

- व्याकरण
- शब्दावली
- वर्तनी
- वाक्य निर्माण
- संरचना
- अनुसंधान और सटीकता
- स्पष्टता
- अनुनय

इनमें से प्रत्येक घटक लेखन की गुणवत्ता को प्रभावित कर सकता है।

लेखन, किसी भी अन्य कौशल की तरह, एक ऐसी चीज है जिसे हम समय और अभ्यास के साथ बेहतर कर सकते हैं। अपना स्वयं का लिखित संचार विकसित करने के लिए यहां कुछ कार्यनीतियां दी गई हैं:

लेखन को दैनिक व्यायाम बनाएं

अभ्यास वास्तव में परिपूर्ण बनाता है! यदि आप लेखन की तुलना खाना पकाने, या खेल खेलने जैसे कौशल से करते हैं, तो यदि आप अभ्यास नहीं करते हैं तो आप सुधार की उम्मीद नहीं कर सकते हैं - यह आपकी टीम के साथ एक अभ्यास के बाद प्रो फुटबॉल खिलाड़ी बनने की अपेक्षा करने जैसा है।

अपने आप को दैनिक लेखन अभ्यास निर्धारित करने का प्रयास करें - उन्हें लंबे समय तक चलने वाले और समय लेने वाले होने की आवश्यकता नहीं है, यहां तक कि केवल एक दिन में एक पैराग्राफ लिखने के लिए खुद को प्रतिबद्ध करना भी काफी है! आप किसी ऐसे व्यक्ति के साथ भी साझेदारी कर सकते हैं जो अपने लेखन कौशल में सुधार करना चाहता है और यह देखने के लिए एक दूसरे के अनुच्छेदों को पढ़ सकते हैं कि कहां बदलाव किए जाने की आवश्यकता है।

पढ़ें, पढ़ें, और कुछ और पढ़ें!

हम उदाहरण के द्वारा सर्वोत्तम सीखते हैं, और लेखन कौशल प्राप्त करना इस नियम का अपवाद नहीं है। जब हम पढ़ते हैं, तो हम सीखते हैं कि दूसरे लोग अपने संदेशों को सर्वोत्तम तरीके से संप्रेषित करने के लिए कैसे लिखते हैं, और हम अपनी लेखन शैली को उन शैलियों के अनुकूल बनाना शुरू करते हैं जिनसे हम सबसे अधिक प्रभावित होते हैं।

अपने लेखन अभ्यास में दैनिक पढ़ना शामिल करें; हो सकता है कि अपने अभ्यास पैराग्राफ को आप उस दिन जो कुछ भी पढ़ते हैं उसकी समीक्षा या सारांश बनाएं, लेखक की

लेखन शैली के विभिन्न तत्वों को लेते हुए अपनी आवाज विकसित करें।

संक्षिप्त रहें

अपने लेखन में जटिल, लंबे शब्दों का प्रयोग न करने का प्रयास करें। वे अक्सर पाठक को भ्रमित करते हैं और आपको जो कहना है उसमें उन्हें उदासीन बना देते हैं। अपने वाक्य छोटे रखें। "बहुत", "वास्तव में", "न्यायसंगत", आदि जैसे भराव वाले शब्दों का अधिक प्रयोग न करें।

वे वाक्यों को लंबा बनाते हैं और अनावश्यक रूप से आपके पाठक के संज्ञानात्मक स्थान को घेर लेते हैं।

एक स्पष्ट संदेश विकसित करें

लेखन के एक टुकड़े से ज्यादा निराशाजनक कुछ भी नहीं है जो सीधे मुद्दे पर नहीं आता है। इस बारे में सोचें कि आप क्या कहना चाहते हैं, आप अपने पाठक को क्या संदेश देना चाहते हैं, और सुनिश्चित करें कि आप इस संदेश को शुरू से ही स्पष्ट कर दें।

अपने दर्शकों के बारे में सोचना भी महत्वपूर्ण है; वे क्या सुनना चाहते हैं, और वे इसे कैसे बताना चाहेंगे? क्या आपको औपचारिक, या अधिक अनौपचारिक स्वर लेने की ज़रूरत है? क्या हास्य का उपयोग करने से आपके संदेश को विकसित करने में मदद मिलेगी, या क्या आपको व्यवसाय की तरह सीधे मुद्दे पर आना चाहिए?

ये महत्वपूर्ण विचार हैं जिन्हें लिखने की प्रक्रिया शुरू करने से पहले ही ध्यान में रखा जाना चाहिए।

बैठो और लिखो!

कभी-कभी लेखन प्रक्रिया में सबसे कठिन कदम वास्तव में बैठकर लिखना होता है। इस बिंदु तक, आपके पास एक स्पष्ट योजना होनी चाहिए कि आप क्या कहना चाहते हैं, और एक सामान्य विचार है कि आप इसे कैसे कहना चाहते हैं।

यह कठिन लग सकता है, लेकिन याद रखें कि कड़ी मेहनत अब हो चुकी है! आपको केवल अपने आप को यह समझाने की ज़रूरत है कि आप सक्षम हैं (जो आप हैं), अपनी नोटबुक या कंप्यूटर के सामने बैठें, और अपने संचार को निष्पादित करें!

व्याकरण और वर्तनी मूल बातें की समीक्षा करें।

व्याकरण और वर्तनी अच्छे लेखन की नींव है। उचित व्याकरण और वर्तनी के साथ लेखन आपके पाठक को आपकी व्यावसायिकता और विस्तार पर ध्यान देता है। यह आपके लेखन को समझने में भी आसान बनाता है।

इसके अलावा, यह जानना कि कब और कैसे कम-सामान्य विराम चिह्नों का उपयोग करना है, जैसे कोलन, अर्धविराम, और एम -डैश, वाक्यों की संरचना के नए तरीके अनलॉक कर सकते हैं और आपके लेखन को बढ़ा सकते हैं।

यदि आप अपने व्याकरण और वर्तनी को मजबूत करना चाहते हैं, तो एक लेखन मैनुअल से परामर्श करके शुरुआत करें। विलियम स्टंक और ईबी व्हाइट द्वारा द एलिमेंट्स ऑफ़

स्टाइल को लंबे समय से लेखकों के लिए एक प्रधान माना जाता रहा है। आप अपने स्थानीय पुस्तकालय, किताबों की दुकान या ऑनलाइन समान संसाधन पा सकते हैं।

आप जो लिखना चाहते हैं उसे पढ़ें।

यह जानना कि लेखन का एक पूरा टुकड़ा कैसा दिख सकता है, आपका मार्गदर्शन कर सकता है। यदि आप एक हास्य लघु कहानी लिखने की कोशिश कर रहे हैं, तो हास्य लघु कथाएँ पढ़ें। पुस्तक समीक्षा लिख रहे हैं? कुछ खोजें और ध्यान दें कि वे कैसे संरचित हैं। इस बात पर ध्यान दें कि उन्हें क्या अच्छा बनाता है और आप क्या अनुकरण करना चाहते हैं (बिल्कुल साहित्यिक चोरी के बिना)। यदि आप एक स्कूल असाइनमेंट पर काम कर रहे हैं, तो आप अपने प्रशिक्षक से पिछले छात्रों के सफल टुकड़ों के उदाहरण पूछ सकते हैं।

अपने लेखन को बेहतर बनाने के लिए पढ़ने को अपने दैनिक जीवन का हिस्सा बनाएं। सुबह समाचार पढ़ने की कोशिश करें या बिस्तर पर जाने से पहले कोई किताब उठा लें। यदि आप अतीत में बड़े पाठक नहीं रहे हैं, तो उन विषयों से शुरू करें जिनमें आपकी रुचि है, या मित्रों और परिवार से अनुशंसाएँ माँगें। आप धीरे-धीरे यह समझने लगेंगे कि आप किन विषयों, शैलियों और लेखकों का आनंद लेते हैं।

प्रूफरीड।

हालांकि काम पूरा होते ही सबमिट करने का मन करता है, लेकिन छोटी-बड़ी त्रुटियों को पकड़ने के लिए आपने जो लिखा है, उस पर फिर से गौर करने के लिए कुछ समय बनाएं। यहाँ कुछ प्रूफरीडिंग युक्तियों को ध्यान में रखना है:

संपादित करने से पहले अपने काम को एक तरफ रख दें । एक या अधिक दिन के लिए अपने लेखन से दूर रहने का प्रयास करें ताकि आप नए सिरे से, अधिक वस्तुनिष्ठ नज़रों से उस पर वापस आ सकें। समय के लिए क्रंच किया गया? यहां तक कि लिखने और प्रूफरीडिंग के बीच 20 मिनट आवंटित करने से आप अपने काम को नए सिरे से ऊर्जा के साथ कर सकते हैं।

• आसान सुधारों के साथ प्रारंभ करें , फिर बड़े परिवर्तनों की ओर बढ़ें। आसान परिवर्तनों के साथ शुरुआत करने से आप प्रूफरीडिंग के लिए लय में आ सकते हैं, आपको अपने काम को एक बार फिर से पढ़ने की अनुमति मिल सकती है, और विकर्षणों को दूर कर सकते हैं ताकि आप बड़े संपादनों पर ध्यान केंद्रित कर सकें। गलत वर्तनी, विसंगतियों और व्याकरण की त्रुटियों को पकड़ने के लिए अपने काम को पढ़ें। फिर संरचना या अजीब बदलाव के साथ बड़ी समस्याओं का समाधान करें।

• यदि आप कम शब्दों में कुछ कह सकते हैं , तो करें। अनावश्यक रूप से शब्दाडंबरपूर्ण होना आपके संदेश को धूमिल कर सकता है और पाठक को भ्रमित कर सकता है। निरर्थक, दोहराव वाले या स्पष्ट वाक्यांशों को कम करें।

• जोर से पढ़ें। जोर से पढ़ने से आपको अजीब वाक्यांशों और क्षेत्रों को ढूंढने में मदद मिल सकती है जहां आपका लेखन अच्छी तरह से प्रवाहित नहीं होता है।

प्रतिक्रिया हासिल करें।

चाहे आप ईमेल या निबंध लिख रहे हों, फीडबैक मांगना यह देखने का एक शानदार तरीका है कि आपके अलावा कोई और आपके टेक्स्ट की व्याख्या कैसे करेगा। इस बात का अंदाजा रखें कि आप अपने प्रूफ-रीडर पर क्या ध्यान केंद्रित करना चाहते हैं - संरचना, निष्कर्ष, किसी तर्क की प्रेरकता, या अन्यथा।

किसी विश्वसनीय मित्र, परिवार के सदस्य, सहकर्मी, या प्रशिक्षक से संपर्क करें। यदि आप एक छात्र हैं, तो आपके विद्यालय में एक लेखन संसाधन केंद्र भी हो सकता है, जहाँ आप पहुँच सकते हैं।

आप एक लेखन समूह बनाने या लेखन कक्षा में शामिल होने पर भी विचार कर सकते हैं। अपने स्थानीय सामुदायिक कॉलेज, या अपने शहर में स्वतंत्र लेखन कार्यशालाओं में ऑनलाइन लेखन पाठ्यक्रम खोजें।

5. संरचना के बारे में सोचो।

व्याकरण और वर्तनी आपके लेखन को सुसंगत और सुपाठ्य बनाए रखते हैं, लेकिन संरचना यह सुनिश्चित करती है कि बड़े विचार पाठक तक पहुँचें।

कई मामलों में, रूपरेखा तैयार करने से संरचना को ठोस बनाने में मदद मिलेगी। एक रूपरेखा स्पष्ट कर सकती है कि आप प्रत्येक अनुभाग में क्या व्यक्त करने की उम्मीद कर रहे हैं, आपको अपने टुकड़े के प्रवाह की कल्पना करने में सक्षम बनाता है, और सतह के हिस्सों को अधिक शोध या विचार की आवश्यकता होती है।

आप जो लिख रहे हैं उसके आधार पर संरचना अलग दिख सकती है। एक निबंध में आमतौर पर एक परिचय, शरीर पैराग्राफ और एक निष्कर्ष होता है। एक फिक्शन पीस छह-चरण की साजिश संरचना का अनुसरण कर सकता है: प्रदर्शनी, बढ़ती कार्रवाई, चरमोत्कर्ष, गिरती हुई कार्रवाई, संकल्प और अंत। चुनें कि आपके उद्देश्यों के लिए सबसे अच्छा क्या है।

लिखना।

कई कौशलों की तरह, अपने लेखन को बेहतर बनाने के सर्वोत्तम तरीकों में से एक अभ्यास करना है। यहां कुछ तरीके दिए गए हैं जिनसे आप शुरुआत कर सकते हैं:

- एक पत्रिका या एक ब्लॉग शुरू करें।
- कक्षा या लेखन कार्यशाला में शामिल हों।
- मुक्त लेखन का अभ्यास करें।
- मित्रों या परिवार को पत्र लिखें।
- अपने स्थानीय समाचार पत्र या अपनी पसंद के प्रकाशन के लिए एक राय बनाएं।

जानिए कुछ सामान्य उपाय।

यहां तक कि अगर कोई पाठ व्याकरणिक रूप से सही है, तो आप इसे कुछ पॉलिश के साथ अधिक गतिशील और रोचक बनाने में सक्षम हो सकते हैं। यहाँ कुछ सामान्य तरीके

दिए गए हैं जिनसे आप अपने लेखन को पैना बना सकते हैं:

- सशक्त क्रियाएं चुनें (उदाहरण के लिए, "भागा" के बजाय "स्प्रिंटेड," "धराशायी," या "बोल्टेड")।
- कर्मवाच्य से बचें।
- भिन्न वाक्य लंबाई।
- अनावश्यक शब्दों को काटें।
- क्लिच को मूल वाक्यांश से बदलें।

6

मानसिक और शारीरिक शक्ति बढ़ाएँ

एक शक्ति जो आपको याद दिलाने में मदद करेगी कि आप जानते हैं कि मानसिक शक्ति है। यदि किसी व्यक्ति के पास स्मरण शक्ति बहुत अधिक है तो वह प्राप्त किए गए सभी ज्ञान को याद रख सकता है और उनका उपयोग कर सकता है। वह चीजों को आसानी से याद कर सकता है। वह अच्छे अकादमिक रिकॉर्ड प्राप्त कर सकता है; वह एक महान वैज्ञानिक और नेता बन सकता है और बहुत कुछ वह प्राप्त कर सकता है यदि उसके पास महान मानसिक शक्ति है।

शारीरिक फिटनेस पर बहुत ध्यान दिया जाता है, और अच्छे कारण के लिए- अच्छा शारीरिक स्वास्थ्य हृदय रोग या मधुमेह जैसी स्थितियों को रोक सकता है, और आपको एक लंबा, स्वतंत्र जीवन बनाए रखने में मदद करता है। लेकिन अक्सर उपेक्षित मानसिक फिटनेस है - एक स्वस्थ और मजबूत दिमाग होने से आपको उन चुनौतियों और अवसरों को संभालने की अनुमति मिलती है जो जीवन आपके सामने रखता है।

एक सामान्य विचार यह है कि मानसिक स्वास्थ्य विकार की अनुपस्थिति का अर्थ है कि व्यक्ति मानसिक रूप से स्वस्थ और भावनात्मक रूप से ठीक है

"मानसिक कल्याण एक प्रक्रिया है, और शारीरिक स्वास्थ्य की तरह ही, यह मानसिक और भावनात्मक कल्याण को बनाए रखने के लिए एक सतत प्रक्रिया है।"

अप्रत्याशित रूप से, कोशिश करना या तनावपूर्ण समय मानसिक फिटनेस की अंतिम परीक्षा हो सकती है। जब हम एक प्रमुख जीवन घटना से घिर जाते हैं, तो जल्दी से ठीक होने में सक्षम होने के लिए महत्वपूर्ण मानसिक शक्ति और मनोवैज्ञानिक लचीलापन की आवश्यकता होती है। मानसिक रूप से फिट होने के लाभों का मतलब है कि हम अपनी मानसिक क्षमताओं का पूरी तरह से उपयोग करने में सक्षम हैं, जिससे हम अधिक रचनात्मक हो सकते हैं, अवसरों का अधिकतम लाभ उठा सकते हैं, और तनावपूर्ण स्थितियों को अधिक शांति से और कम चिंता के साथ सामना कर सकते हैं।

तो, आप अपने मानसिक फिटनेस के स्तर को बढ़ाने के लिए क्या कर सकते हैं?

एक समय में एक चीज पर ध्यान दें

मल्टीटास्किंग को सम्मान के बिल्ला के रूप में पहना जाता है, लेकिन बहुत अधिक मल्टीटास्किंग स्वस्थ नहीं है। उपस्थित होने का अभ्यास करें। जब आप टहल रहे हों, तो अपने आस-पास के वातावरण-मौसम, पक्षियों को लें। जब आप दोस्तों के साथ समय बिता रहे हों, तो वास्तव में सुनें कि क्या कहा जा रहा है। अपना फ़ोन बंद करें और अपने सिर में चल रही टू-डू सूचियों को भूलने का प्रयास करें।

नकारात्मक विचारों को फिर से नाम दें।

यदि आपके पास "यह कभी काम नहीं करेगा" जैसे भयावह विचार हैं, तो उन्हें कुछ अधिक यथार्थवादी के साथ बदलें, जैसे "यदि मैं कड़ी मेहनत करता हूं, तो मैं अपनी सफलता की संभावना में सुधार करूंगा।"

यह सच है कि सभी के बुरे दिन आते हैं जो नकारात्मक विचारों को जन्म देते हैं। लेकिन सकारात्मक और यथार्थवादी अपेक्षाओं की खोज करके, आप इन हानिकारक निराशावादी विचारों को समाप्त कर सकते हैं और बुरे दिनों का प्रबंधन करने के लिए खुद को बेहतर ढंग से तैयार कर सकते हैं।

लक्ष्य बनाएं।

ऊंचा लक्ष्य रखना और बड़ा सपना देखना मजेदार है। लेकिन अपनी दृष्टि को बहुत ऊंचा रखने से निराशा होने की संभावना है।

100 पाउंड खोने के बजाय, पहले पांच खोने पर ध्यान दें। जब आप उस लक्ष्य को कुचल देते हैं, तो आप अगले पाँच पाउंड खोने के लिए और अधिक प्रेरित होंगे।

आपके द्वारा प्राप्त किया गया प्रत्येक लक्ष्य आपको सफल होने की अपनी क्षमता पर विश्वास दिलाता है। इससे आपको यह पहचानने में भी मदद मिलेगी कि कौन से लक्ष्य पर्याप्त चुनौतीपूर्ण नहीं हैं और कौन से अवास्तविक रूप से महत्वाकांक्षी हैं।

अपने आप को एक दैनिक "माइंडफुलनेस ब्रेक" दें

डीकंप्रेस करने के लिए प्रत्येक दिन एक से दो मिनट अलग रखें, अपने शरीर के साथ जांच करें और आकलन करें कि आप कैसा महसूस कर रहे हैं," ओ'नील ने कहा। "कई बेहतरीन ऐप्स हैं जो आपको एक संरचित दिमागीपन अभ्यास को शामिल करने में मदद कर सकते हैं या आप केवल एक अभ्यास विकसित कर सकते हैं जो आपके लिए काम करता है।"

ध्यान, ऊर्जा और तनाव में महत्वपूर्ण सुधार लाने के लिए केवल एक सप्ताह का संक्षिप्त दैनिक ध्यान अभ्यास पाया गया है। अनुसंधान से पता चलता है कि ये लाभ केवल व्यक्तिपरक से अधिक हैं: एक अध्ययन के प्रतिभागियों ने तनाव-नियंत्रित कोर्टिसोल में वास्तविक कमी और उनकी प्रतिरक्षा प्रणाली में सुधार का अनुभव किया। उन्होंने बेहतर दृश्य-स्थानिक प्रसंस्करण, कार्यशील स्मृति और कार्यकारी कार्य-मानसिक कौशल

के महत्वपूर्ण सेट भी प्रदर्शित किए जो आपको चीजों को तेजी से पूरा करने में मदद करते हैं।

मदद मांगने से न डरें

मदद मांगना अक्सर अच्छी तरह से रहने और रहने की दिशा में पहला कदम होता है, लेकिन यह जानना मुश्किल हो सकता है कि कैसे शुरू करें या कहां जाएं। अनिश्चित महसूस करना और आश्चर्य करना सामान्य है कि क्या आपको चीजों को अपने दम पर संभालने की कोशिश करनी चाहिए।

याद रखें कि कभी-कभी "नहीं" कहना ठीक है ।

"लेकिन इसे सीधे शब्दों में कहें, तो मदद लेने का कोई गलत समय नहीं है

"अपने विचारों और भावनाओं के बारे में किसी से बात करने से आपको अंतर्दृष्टि प्राप्त करने में हमेशा मदद मिल सकती है जो संभवतः आपके जीवन में फायदेमंद होगी। यदि आप खुद को तनाव की अवधि का अनुभव करते हैं, या क्रोधित, चिड़चिड़ा, उदास, या आसानी से निराश महसूस करते हैं, तो यह उन भावनाओं से निपटने के लिए पेशेवर मदद लेने का एक अच्छा निमंत्रण हो सकता है।

मानसिक फिटनेस के लिए आपका बहुत अधिक समय लेने की आवश्यकता नहीं है। हर दिन इस पर कुछ मिनट बिताने से आपको बेहतर महसूस करने और अधिक स्पष्ट रूप से सोचने में मदद मिल सकती है। याद रखें कि मानसिक कसरत में विश्राम उतना ही महत्वपूर्ण है जितना कि अधिक ऊर्जावान गतिविधियाँ, जैसे कि स्मृति व्यायाम या शारीरिक व्यायाम।

सफलता के लिए खुद को स्थापित करें ।

मानसिक रूप से मजबूत रहने के लिए आपको हर दिन खुद को प्रलोभनों के अधीन करने की जरूरत नहीं है। समय-समय पर अपने पर्यावरण को संशोधित करें। जीवन को थोड़ा आसान बनाएं।

अगर आप सुबह वर्कआउट करना चाहते हैं तो अपने रनिंग स्नीकर्स को बिस्तर के बगल में रखें। यदि आपका लक्ष्य स्वस्थ खाना है तो जंक फूड को अपने पेंट्री से हटा दें। इस तरह की छोटी-छोटी चीजें आपको अपनी खुद की मानसिक ऊर्जा को समाप्त करने और खुद को सफलता के लिए स्थापित करने की दिशा में एक लंबा रास्ता तय करेंगी।

प्रतिदिन कम से कम एक कठिन कार्य अवश्य करें।

सुधार दुर्घटना से नहीं आता है। आपको जानबूझकर खुद को चुनौती देने की जरूरत है। हालांकि, अपनी खुद की सीमाओं का विश्लेषण करना सुनिश्चित करें, क्योंकि सभी के पास अलग-अलग विचार हैं कि चुनौतीपूर्ण क्या है।

इन सीमाओं से थोड़ा बाहर कुछ चुनने का साहस रखें। और फिर रोज एक छोटा कदम उठाएं।

उस कक्षा में नामांकन करें जिसके लिए आपको लगता है कि आप योग्य नहीं हैं। असहज होने पर भी अपने लिए बोलें। हमेशा अपने आप को कल की तुलना में आज थोड़ा बेहतर

बनने के लिए प्रेरित करें।

अधिक उद्देश्य के लिए असुविधा को सहन करें।

असुविधा की भावना अक्सर लोगों को अस्वास्थ्यकर शॉर्टकट देखने के लिए प्रेरित कर सकती है। बिंज टीवी देखना और अधिक शराब पीना आम भावनात्मक बैसाखी हैं। लेकिन इस प्रकार के अल्पकालिक समाधान अधिक बार बड़ी दीर्घकालिक समस्याएं पैदा करते हैं।

अगली बार जब आप असुविधा का अनुभव करें, तो अपने आप को बड़ी तस्वीर याद दिलाएं। थके होने पर भी उस वर्कआउट को पूरा करें। अपने बजट को तब भी संतुलित करें जब यह आपको चिंता देता हो। असुविधाजनक भावनाओं को सहन करने से आपको अपने लक्ष्यों को कुचलने के लिए आवश्यक आत्मविश्वास हासिल करने में मदद मिल सकती है।

तर्क के साथ अपनी भावनाओं को संतुलित करें।

यदि आप हर समय 100 प्रतिशत तार्किक बने रहते हैं, तो आप एक उबाऊ जीवन जी सकते हैं, फुरसत के समय, आनंद या प्रेम से रहित। लेकिन अगर आप अपने सभी फैसले भावनाओं पर आधारित करते हैं, तो आप सेवानिवृत्ति या निवेश के लिए बचत करने के बजाय अपना सारा पैसा मौज-मस्ती पर खर्च कर सकते हैं। सर्वोत्तम निर्णय लेने के लिए, आपको अपने तर्क और भावना को संतुलित करने की आवश्यकता है।

तो इस बात की परवाह किए बिना कि आपके जीवन में निर्णय कितना छोटा या बड़ा है, यह सुनिश्चित करने के लिए अपने आप को जांचें कि आप तर्क के साथ अपनी भावनाओं को संतुलित कर रहे हैं।

अत्यधिक चिंतित, क्रोधित या उत्तेजित होने के कारण आप भावनात्मक निर्णय ले सकते हैं। इसलिए आपके द्वारा लिए गए प्रत्येक निर्णय के पक्ष और विपक्ष की एक सूची लिखें। इस सूची की समीक्षा करने से आपके मस्तिष्क का तार्किक हिस्सा बढ़ेगा और आपकी भावनाओं को संतुलित करने में मदद मिलेगी।

अपने उद्देश्य को पूरा करें।

जब तक आप अपने समग्र उद्देश्य को नहीं जानते, तब तक पाठ्यक्रम में बने रहना कठिन है। ऐसा क्यों है कि आप अपनी कला को तराशना चाहते हैं या अधिक पैसा कमाना चाहते हैं?

आप जीवन में क्या हासिल करना चाहते हैं, इसके बारे में एक स्पष्ट और संक्षिप्त मिशन स्टेटमेंट लिखें। जब आप अगला कदम उठाने के लिए संघर्ष कर रहे हों, तो अपने आप को याद दिलाएं कि चलते रहना क्यों महत्वपूर्ण है। अपने दैनिक उद्देश्यों पर ध्यान केंद्रित करें, लेकिन सुनिश्चित करें कि आप जो कदम उठा रहे हैं, वे आपको लंबे समय में एक बड़े लक्ष्य तक पहुंचाएंगे।

स्पष्टीकरण की तलाश करें, बहाने नहीं।

क्या आप अपने लक्ष्य से पीछे रह गए? फिर कारणों की जांच करें। अपने व्यवहार के लिए बहाने बनाने के बजाय, अगली बार बेहतर करने में आपकी मदद करने के लिए स्पष्टीकरण

की तलाश करें।

दोष लगाए बिना किसी भी कमी के लिए पूरी जिम्मेदारी लें। जब आप अपनी गलतियों का सामना करते हैं और उन्हें स्वीकार करते हैं, तो आप उनसे सीख सकते हैं और उन्हें दोहराने से बच सकते हैं।

10 मिनट के नियम का प्रयोग करें।

जब आप ऐसा महसूस नहीं करते हैं तो मानसिक शक्ति आपको उत्पादक बनने में मदद कर सकती है। लेकिन यह कोई जादू की छड़ी नहीं है जो आपको हर समय प्रेरित करती रहे।

10 मिनट का एक नियम है जो तब काम आता है जब आप किसी महत्वपूर्ण चीज को टालने के लिए ललचाते हैं। यदि आप अपने मील दौड़ के लिए जाने की योजना के समय अपने आप को सोफे पर देखते हुए देखते हैं, तो अपने आप को केवल 10 मिनट के लिए चलने के लिए कहें। यदि आपका दिमाग 10 मिनट के बाद भी आपके शरीर से लड़ रहा है, तो अपने आप को छोड़ने की अनुमति देना ठीक हो सकता है।

लेकिन अधिक बार नहीं, एक बार जब आप पहला कदम उठा लेते हैं, तो आप महसूस करेंगे कि आपका कार्य लगभग उतना कठिन नहीं है जितना आपने अनुमान लगाया था। आरंभ करना लगभग हमेशा सबसे कठिन हिस्सा होता है, लेकिन आपके द्वारा सीखे गए अन्य कौशल आपको जारी रखने में मदद कर सकते हैं।

गलत साबित करो।

अगली बार जब आपको लगे कि आप कुछ नहीं कर सकते, तो खुद को गलत साबित करें। इस महीने के लिए अपने बिक्री लक्ष्य को पूरा करने या मील की दौड़ में अपने समय को मात देने के लिए प्रतिबद्ध रहें।

आप जितना खुद को श्रेय देते हैं, उससे कहीं अधिक आप सक्षम हैं, इसलिए खुद को गलत साबित करने की आदत डालें। समय के साथ, आपका मस्तिष्क आपकी अपनी क्षमता को कम आंकना बंद कर देगा।

इस शक्ति को हम अभ्यास से बढ़ा सकते हैं और कुछ व्यायाम कर सकते हैं

कैलकुलेटर का प्रयोग न करें_

आपको कैलकुलेटर का उपयोग तब तक नहीं करना चाहिए जब तक कि इसकी आवश्यकता न हो। अपनी उंगली में छोटे बिलों का निपटान करना शुरू करें। उन्हें अपने दिमाग में काम करने दें। हो सके तो पेन और पेपर का भी इस्तेमाल न करें।

7
मेडिटेशन करें

जब हम ध्यान करते हैं, तो हम अपने जीवन में दूरगामी और लंबे समय तक चलने वाले लाभों को इंजेक्ट करते हैं: हम अपने तनाव के स्तर को कम करते हैं, हमें अपने दर्द का पता चलता है, हम बेहतर तरीके से जुड़ते हैं, हम अपने फोकस में सुधार करते हैं, और हम खुद के प्रति दयालु होते हैं। ध्यान करने के तरीके के बारे में हमारी नई दिमागी मार्गदर्शिका में हम आपको मूल बातें बताते हैं

आप ध्यान करना कैसे सीखते हैं?

सांसों के आने-जाने पर कैसे ध्यान दें और ध्यान दें कि कब मन इस कार्य से भटक जाता है। सांस पर लौटने का यह अभ्यास ध्यान और दिमागीपन की मांसपेशियों को बनाता है।

जब हम अपनी सांस पर ध्यान देते हैं, तो हम सीख रहे हैं कि वर्तमान क्षण में कैसे लौटना है और बने रहना है - बिना किसी निर्णय के, यहां और अभी के उद्देश्य से खुद को लंगर डालना।

जबकि ध्यान सभी का इलाज नहीं है, यह निश्चित रूप से आपके जीवन में कुछ आवश्यक स्थान प्रदान कर सकता है। कभी-कभी, हमें अपने लिए, अपने परिवारों के लिए, और अपने समुदायों के लिए बेहतर चुनाव करने के लिए बस इतना ही चाहिए होता है। और सबसे महत्वपूर्ण उपकरण जो आप अपने ध्यान अभ्यास में अपने साथ ला सकते हैं वे हैं थोड़ा धैर्य, अपने लिए कुछ दयालुता और बैठने के लिए एक आरामदायक जगह।

जब हम ध्यान करते हैं, तो हम अपने जीवन में दूरगामी और लंबे समय तक चलने वाले लाभों को इंजेक्ट करते हैं। और बोनसः आपको किसी अतिरिक्त गियर या महंगी सदस्यता की आवश्यकता नहीं है।

ध्यान करने के पांच कारण यहां दिए गए हैं:

1. अपने दर्द को समझना

2. अपना तनाव कम करें

3. बेहतर कनेक्ट करें

4. फोकस में सुधार करें

5. दिमाग की बकवास कम करें

ध्यान कैसे करें

अधिकांश लोगों के विचार से ध्यान सरल (और कठिन) है। इन चरणों को पढ़ें, सुनिश्चित करें कि आप कहीं हैं जहां आप इस प्रक्रिया में आराम कर सकते हैं, टाइमर सेट करें और इसे एक शॉट दें:

1) आसन ग्रहण करें

बैठने के लिए ऐसी जगह ढूंढें जो आपको शांत और शांत लगे।

2) एक समय सीमा निर्धारित करें

यदि आप अभी शुरुआत कर रहे हैं, तो कम समय चुनने में मदद मिल सकती है, जैसे पाँच या 10 मिनट।

3) अपने शरीर पर ध्यान दें

आप फर्श पर अपने पैरों के साथ एक कुर्सी पर बैठ सकते हैं, आप आराम से पालथी मारकर बैठ सकते हैं, आप घुटने टेक सकते हैं—सब ठीक हैं। बस सुनिश्चित करें कि आप स्थिर हैं और जिस स्थिति में हैं, उसमें आप कुछ समय के लिए रुक सकते हैं।

4) अपनी सांस को महसूस करें

अपनी सांस की अनुभूति का पालन करें क्योंकि यह अंदर जाती है और जैसे ही यह बाहर जाती है।

5) ध्यान दें जब आपका मन भटक गया हो

अनिवार्य रूप से, आपका ध्यान सांस छोड़ कर अन्य स्थानों पर भटक जाएगा। जब आप ध्यान दें कि आपका मन भटक गया है - कुछ सेकंड, एक मिनट, पांच मिनट में - बस अपना ध्यान सांस पर लौटाएं।

6) अपने भटकते मन पर दया करें

अपने आप को आंकें या उन विचारों की सामग्री पर ध्यान न दें जिनमें आप खुद को खोया हुआ पाते हैं। बस वापस आ जाइए।

7) दया के साथ बंद करो

जब आप तैयार हों, तो धीरे से अपनी निगाह ऊपर उठाएं (यदि आपकी आंखें बंद हैं, तो उन्हें खोलें)। एक क्षण लें और वातावरण में किसी भी ध्वनि को नोटिस करें। ध्यान दें कि आपका शरीर अभी कैसा महसूस करता है। अपने विचारों और भावनाओं पर ध्यान दें।

इतना ही! यही अभ्यास है। आप अपना ध्यान केंद्रित करते हैं, आपका मन भटकता है, आप इसे वापस लाते हैं, और आप इसे यथासंभव दयालुता से करने की कोशिश करते हैं (जितनी बार आपको आवश्यकता होती है।

मुझे कितना ध्यान करना चाहिए?

जैसा हमने ऊपर वर्णित किया है, ध्यान उससे अधिक जटिल नहीं है। यह इतना आसान है... और यह चुनौतीपूर्ण है। यह शक्तिशाली भी है और इसके लायक भी है। कुंजी हर दिन बैठने के लिए प्रतिबद्ध है, भले ही वह पांच मिनट के लिए ही क्यों न हो। "मेरे एक ध्यान शिक्षक ने कहा कि आपके ध्यान अभ्यास में सबसे महत्वपूर्ण क्षण वह क्षण होता है जब आप इसे करने के लिए बैठते हैं। क्योंकि तब आप अपने आप से कह रहे हैं कि आप परिवर्तन में विश्वास करते हैं, आप अपनी देखभाल करने में विश्वास करते हैं, और आप इसे वास्तविक बना रहे हैं। आप न केवल सार में सचेतनता या करुणा जैसे कुछ मूल्य धारण कर रहे हैं, बल्कि वास्तव में इसे वास्तविक बना रहे हैं।

न्यूरोसाइंटिस्ट अमीशी झा के हालिया शोध में पता चला है कि सप्ताह में 5 दिन 12 मिनट का ध्यान आपकी ध्यान देने की क्षमता को सुरक्षित और मजबूत कर सकता है।

ध्यान युक्तियाँ और तकनीकें

अब तक हमने मूल सांस ध्यान पर ध्यान दिया है, लेकिन ध्यान की अन्य तकनीकें हैं जो हमारे ध्यान को स्थिर करने के लिए सांस की तुलना में अलग-अलग फोकल बिंदुओं का उपयोग करती हैं - बाहरी वस्तुएं जैसे कमरे में ध्वनि, या कुछ व्यापक, जैसे सहज चीजों को नोटिस करना लक्ष्यहीन भटकने के अभ्यास के दौरान अपनी जागरूकता में आएं। लेकिन इन सभी प्रथाओं में एक बात समान है: हम देखते हैं कि हमारे दिमाग में बहुत समय चल रहा है। यह सच है। हम आम तौर पर विचार सोचते हैं, और फिर हम कार्य करते हैं। लेकिन इसे बदलने के लिए यहां कुछ सहायक रणनीतियां दी गई हैं:

माइंडफुलनेस को एक आदत कैसे बनाएं

यह अनुमान लगाया गया है कि हमारा 95% व्यवहार ऑटोपायलट पर चलता है। ऐसा इसलिए है क्योंकि तंत्रिका नेटवर्क हमारी सभी आदतों को रेखांकित करते हैं, प्रति सेकंड हमारे लाखों संवेदी इनपुट को प्रबंधनीय शॉर्टकट में कम करते हैं ताकि हम इस पागल दुनिया में कार्य कर सकें। ये डिफ़ॉल्ट मस्तिष्क संकेत इतने कुशल होते हैं कि इससे पहले कि हम यह याद रखें कि हम इसके बजाय क्या करना चाहते हैं, वे अक्सर हमें पुराने व्यवहारों में वापस ले जाते हैं।

दिमागीपन इन डिफ़ॉल्ट प्रक्रियाओं के बिल्कुल विपरीत है। यह ऑटोपायलट के बजाय कार्यकारी नियंत्रण है, और जानबूझकर कार्यों, इच्छाशक्ति और निर्णयों को सक्षम बनाता है। लेकिन वह अभ्यास करता है। जितना अधिक हम जानबूझकर मस्तिष्क को सक्रिय करते हैं, उतना ही मजबूत होता जाता है। हर बार जब हम कुछ जानबूझकर और नया करते हैं, तो हम अपने ग्रे मैटर को सक्रिय करते हुए न्यूरोप्लास्टी को उत्तेजित करते हैं, जो नए अंकुरित न्यूरॉन्स से भरा होता है जो अभी तक "ऑटोपायलट" मस्तिष्क के लिए तैयार नहीं हुए हैं।

लेकिन यहाँ समस्या है. जबकि हमारा जानबूझकर मस्तिष्क जानता है कि हमारे लिए सबसे अच्छा क्या है, हमारा ऑटोपायलट मस्तिष्क हमें जीवन के माध्यम से शॉर्टकट करने

का कारण बनता है। तो जब हमें इसकी सबसे अधिक आवश्यकता होती है तो हम अपने आप को सचेत होने के लिए कैसे प्रेरित कर सकते हैं? यह वह जगह है जहां "व्यवहार डिजाइन" की धारणा आती है। यह आपके जानबूझकर दिमाग को ड्राइवर की सीट पर रखने का एक तरीका है। ऐसा करने के दो तरीके हैं- पहला, ऑटोपायलट मस्तिष्क को उसके रास्ते में बाधाएँ डालकर धीमा करना, और दूसरा, जानबूझकर मस्तिष्क के मार्ग में बाधाओं को दूर करना, ताकि वह नियंत्रण हासिल कर सके।

हालांकि, अपने जानबूझकर मस्तिष्क को अधिक शक्ति देने के लिए संतुलन को बदलने में कुछ काम लगता है। आरंभ करने के कुछ तरीके यहां दिए गए हैं।

• अपने आसपास ध्यान के अनुस्मारक लगाएं। यदि आप कुछ योग करने या ध्यान करने का इरादा रखते हैं, तो अपनी योग चटाई या अपना ध्यान कुशन अपनी मंजिल के बीच में रखें ताकि आप चलते समय इसे याद न कर सकें।

• अपने अनुस्मारक नियमित रूप से ताज़ा करें। मान लें कि आप अपने आप को एक नए इरादे की याद दिलाने के लिए स्टिकी नोट्स का उपयोग करने का निर्णय लेते हैं। यह लगभग एक हफ्ते तक काम कर सकता है, लेकिन फिर आपका ऑटोपायलट मस्तिष्क और पुरानी आदतें फिर से शुरू हो जाती हैं। अपने लिए नए नोट्स लिखने का प्रयास करें; विविधता जोड़ें या उन्हें मज़ेदार बनाएं। इस तरह वे आपके साथ अधिक समय तक टिके रहेंगे।

• नए पैटर्न बनाएँ। आप जानबूझकर मस्तिष्क में स्थानांतरित करने के लिए आसान अनुस्मारक बनाने के लिए "यदि यह, तो वह" संदेशों की एक श्रृंखला का प्रयास कर सकते हैं। उदाहरण के लिए, जब आप अपना कार्यदिवस शुरू करने वाले होते हैं, तो आप "यदि कार्यालय का दरवाज़ा है, तो गहरी साँस लें" के साथ आ सकते हैं। या, "अगर फोन बजता है, तो जवाब देने से पहले एक सांस लें।" दिमागीपन में स्थानांतरित करने के लिए प्रत्येक जानबूझकर कार्रवाई आपके इरादे वाले मस्तिष्क को मजबूत करेगी।

ध्यान अभ्यास आपकी मन की शक्ति में सुधार करने और आपकी एकाग्रता शक्ति को बढ़ाने में आपकी मदद कर सकता है। रोजाना कम से कम 30 मिनट ध्यान करने की आदत बनाएं।

8
रोजाना व्यायाम करें

व्यायाम करने से आपको मानसिक सहनशक्ति बढ़ाने में मदद नहीं मिलेगी बल्कि आपको स्वस्थ रहने और ऊर्जावान महसूस करने में भी मदद मिलेगी। रोजाना सुबह व्यायाम करने की आदत डालें। मानसिक स्वास्थ्य और फिट शरीर के लिए जिम में कसरत करने की तुलना में खुले बगीचे में दौड़ना आपको बेहतर परिणाम देगा।

आपकी उम्र चाहे जो भी हो, इस बात के पुख्ता वैज्ञानिक प्रमाण हैं कि शारीरिक रूप से सक्रिय रहने से आपको स्वस्थ और खुशहाल जीवन जीने में मदद मिल सकती है। जो लोग नियमित रूप से व्यायाम करते हैं उनमें हृदय रोग, टाइप 2 मधुमेह, स्ट्रोक और कुछ कैंसर जैसी कई दीर्घकालिक (पुरानी) स्थितियों के विकसित होने का जोखिम कम होता है

व्यायाम को किसी भी आंदोलन के रूप में परिभाषित किया जाता है जो आपकी मांसपेशियों को काम करता है और आपके शरीर को कैलोरी जलाने की आवश्यकता होती है। कुछ नाम रखने के लिए तैराकी, दौड़ना, जॉगिंग, चलना और नृत्य सहित कई प्रकार की शारीरिक गतिविधि होती है। सक्रिय होने से शारीरिक और मानसिक दोनों तरह से कई स्वास्थ्य लाभ पाए गए हैं। यह आपको लंबे समय तक जीने में भी मदद कर सकता है।

व्यायाम आपको खुश महसूस करा सकता है

नियमित रूप से व्यायाम करने से आपका मूड बेहतर हो सकता है और चिंता और अवसाद की भावनाएं कम हो सकती हैं। व्यायाम आपके मनोदशा को सुधारने और अवसाद, चिंता और तनाव की भावनाओं को कम करने के लिए दिखाया गया है। यह मस्तिष्क के उन हिस्सों में परिवर्तन पैदा करता है जो तनाव और चिंता को नियंत्रित करते हैं। यह हार्मोन के सेरोटोनिन और नॉरपेनेफ्रिन के प्रति मस्तिष्क की संवेदनशीलता को भी बढ़ा सकता है, जो अवसाद की भावनाओं को दूर करता है।

व्यायाम एंडोर्फिन के उत्पादन को बढ़ा सकता है, जो सकारात्मक भावनाओं को पैदा करने और दर्द की धारणा को कम करने में मदद के लिए जाने जाते हैं।

दिलचस्प बात यह है कि इससे कोई फर्क नहीं पड़ता कि आपका वर्कआउट कितना तीव्र है। ऐसा लगता है कि शारीरिक गतिविधि की तीव्रता के बावजूद व्यायाम आपके मूड को लाभ पहुंचा सकता है।

वास्तव में, अवसाद से निदान 24 महिलाओं में एक अध्ययन में, किसी भी तीव्रता के व्यायाम से अवसाद की भावनाओं में काफी कमी आई है

मनोदशा पर व्यायाम के प्रभाव इतने शक्तिशाली होते हैं कि व्यायाम करने (या नहीं) को चुनने से भी कम समय में फर्क पड़ता है।

19 अध्ययनों की एक समीक्षा में पाया गया कि जिन सक्रिय लोगों ने नियमित रूप से व्यायाम करना बंद कर दिया, उन्होंने केवल कुछ हफ्तों के बाद भी अवसाद और चिंता के लक्षणों में महत्वपूर्ण वृद्धि का अनुभव किया।

व्यायाम वजन घटाने में मदद कर सकता है

एक स्वस्थ चयापचय का समर्थन करने और प्रति दिन अधिक कैलोरी जलाने के लिए व्यायाम महत्वपूर्ण है। यह आपकी मांसपेशियों को बनाए रखने और वजन घटाने में भी आपकी मदद करता है।

कुछ अध्ययनों से पता चला है कि निष्क्रियता वजन बढ़ने और मोटापे का एक प्रमुख कारक है

वजन घटाने पर व्यायाम के प्रभाव को समझने के लिए व्यायाम और ऊर्जा व्यय (खर्च) के बीच संबंध को समझना महत्वपूर्ण है।

आपका शरीर तीन तरह से ऊर्जा खर्च करता है:

• खाना पचाना

• व्यायाम करना

• शरीर के कार्यों को बनाए रखना,

जैसे आपके दिल की धड़कन और सांस लेना

परहेज़ करते समय, कम कैलोरी का सेवन आपके चयापचय दर को कम करेगा, जो अस्थायी रूप से वजन घटाने में देरी कर सकता है। इसके विपरीत, नियमित व्यायाम आपके चयापचय दर को बढ़ाने के लिए दिखाया गया है, जो वजन कम करने में आपकी मदद करने के लिए अधिक कैलोरी जला सकता है।

इसके अतिरिक्त, अध्ययनों से पता चला है कि प्रतिरोध प्रशिक्षण के साथ एरोबिक व्यायाम का संयोजन वसा हानि और मांसपेशियों के रखरखाव को अधिकतम कर सकता है, जो वजन कम रखने और दुबली मांसपेशियों को बनाए रखने के लिए आवश्यक है।

व्यायाम आपकी मांसपेशियों और हड्डियों के लिए अच्छा है

शारीरिक गतिविधि आपको मांसपेशियों और मजबूत हड्डियों के निर्माण में मदद करती है। यह ऑस्टियोपोरोसिस को रोकने में भी मदद कर सकता है।

व्यायाम मजबूत मांसपेशियों और हड्डियों को बनाने और बनाए रखने में महत्वपूर्ण भूमिका निभाता है।

भारोत्तोलन जैसी गतिविधियाँ पर्याप्त प्रोटीन सेवन के साथ जोड़े जाने पर मांसपेशियों के निर्माण को प्रोत्साहित कर सकती हैं।

ऐसा इसलिए है क्योंकि व्यायाम हार्मोन जारी करने में मदद करता है जो आपकी मांसपेशियों की अमीनो एसिड को अवशोषित करने की क्षमता को बढ़ावा देता है। यह उन्हें बढ़ने में मदद करता है और उनके टूटने को कम करता है।

लोगों की उम्र के रूप में, वे मांसपेशियों के द्रव्यमान और कार्य को खो देते हैं, जिससे चोट लगने का खतरा बढ़ सकता है। मांसपेशियों की हानि को कम करने और उम्र बढ़ने के साथ ताकत बनाए रखने के लिए नियमित शारीरिक गतिविधि का अभ्यास करना आवश्यक है।

जीवन में बाद में ऑस्टियोपोरोसिस को रोकने में मदद करने के अलावा, जब आप छोटे होते हैं तो व्यायाम हड्डियों के घनत्व को बनाने में भी मदद करता है।

व्यायाम आपके ऊर्जा के स्तर को बढ़ा सकता है

नियमित शारीरिक गतिविधि में संलग्न होने से आपकी ऊर्जा का स्तर बढ़ सकता है।

व्यायाम कई लोगों के लिए एक वास्तविक ऊर्जा बूस्टर हो सकता है, जिनमें विभिन्न चिकित्सीय स्थिति वाले लोग भी शामिल हैं।

एक पुराने अध्ययन में पाया गया कि 6 सप्ताह के नियमित व्यायाम से उन 36 लोगों में थकान की भावना कम हो गई जिन्होंने लगातार थकान की सूचना दी थी।

और आइए व्यायाम के शानदार हृदय और फेफड़ों के स्वास्थ्य लाभों को न भूलें। एरोबिक व्यायाम हृदय प्रणाली को बढ़ाता है और फेफड़ों के स्वास्थ्य में सुधार करता है, जो ऊर्जा के स्तर में काफी मदद कर सकता है।

जैसे-जैसे आप आगे बढ़ते हैं, आपका हृदय अधिक रक्त पंप करता है, जिससे आपकी कामकाजी मांसपेशियों को अधिक ऑक्सीजन मिलती है। नियमित व्यायाम से, आपका हृदय अधिक कुशल हो जाता है और आपके रक्त में ऑक्सीजन ले जाने में निपुण हो जाता है, जिससे आपकी मांसपेशियां अधिक कुशल हो जाती हैं

समय के साथ, इस एरोबिक प्रशिक्षण के परिणामस्वरूप आपके फेफड़ों पर कम मांग होती है, और समान गतिविधियों को करने के लिए कम ऊर्जा की आवश्यकता होती है - जोरदार गतिविधि के दौरान आपको सांस की कमी होने की संभावना कम होती है।

इसके अतिरिक्त, कैंसर जैसी अन्य स्थितियों वाले लोगों में ऊर्जा के स्तर को बढ़ाने के लिए व्यायाम दिखाया गया है।

व्यायाम आपके पुराने रोग के जोखिम को कम कर सकता है

स्वस्थ वजन बनाए रखने और पुरानी बीमारी के जोखिम को कम करने के लिए दैनिक शारीरिक गतिविधि आवश्यक है।

नियमित शारीरिक गतिविधि का अभाव पुरानी बीमारी का प्राथमिक कारण है।

इंसुलिन संवेदनशीलता, हृदय स्वास्थ्य और शरीर संरचना में सुधार के लिए नियमित व्यायाम दिखाया गया है। यह रक्तचाप और कोलेस्ट्रॉल के स्तर को भी कम कर सकता है।

अधिक विशेष रूप से, व्यायाम निम्नलिखित पुरानी स्वास्थ्य स्थितियों को कम करने या रोकने में मदद कर सकता है।

• टाइप 2 मधुमेह। नियमित एरोबिक व्यायाम टाइप 2 मधुमेह में देरी या रोकथाम कर सकता है। टाइप 1 मधुमेह वाले लोगों के लिए भी इसके काफी स्वास्थ्य लाभ हैं। टाइप 2 मधुमेह के लिए प्रतिरोध प्रशिक्षण में वसा द्रव्यमान, रक्तचाप, दुबला शरीर द्रव्यमान, इंसुलिन प्रतिरोध और ग्लाइसेमिक नियंत्रण में सुधार शामिल है।

• हृदय रोग। व्यायाम कार्डियोवैस्कुलर जोखिम कारकों को कम करता है और कार्डियोवैस्कुलर बीमारी वाले लोगों के लिए चिकित्सीय उपचार भी है।

• कैंसर के कई प्रकार। व्यायाम स्तन, कोलोरेक्टल, एंडोमेट्रियल, पित्ताशय की थैली, गुर्दे, फेफड़े, यकृत, डिम्बग्रंथि, अग्न्याशय, प्रोस्टेट, थायरॉयड, गैस्ट्रिक, और इसोफेजियल कैंसर सहित कई कैंसर के जोखिम को कम करने में मदद कर सकता है।

• उच्च कोलेस्ट्रॉल। नियमित मध्यम तीव्रता वाली शारीरिक गतिविधि एचडीएल (अच्छे) कोलेस्ट्रॉल को बढ़ा सकती है जबकि एलडीएल (खराब) कोलेस्ट्रॉल में वृद्धि को बनाए या ऑफसेट कर सकती है। अनुसंधान इस सिद्धांत का समर्थन करता है कि एलडीएल के स्तर को कम करने के लिए उच्च तीव्रता वाली एरोबिक गतिविधि की आवश्यकता होती है।

• उच्च रक्तचाप: नियमित एरोबिक व्यायाम में भाग लेने से उच्च रक्तचाप वाले लोगों में विश्राम सिस्टोलिक बीपी 5-7 एमएमएचजी कम हो सकता है।

इसके विपरीत, नियमित व्यायाम की कमी - अल्पावधि में भी - पेट की चर्बी में उल्लेखनीय वृद्धि हो सकती है, जिससे टाइप 2 मधुमेह और हृदय रोग का खतरा बढ़ सकता है।

इसीलिए पेट की चर्बी कम करने और इन स्थितियों के विकसित होने के जोखिम को कम करने के लिए नियमित शारीरिक गतिविधि की सलाह दी जाती है।

व्यायाम त्वचा के स्वास्थ्य में मदद कर सकता है

मध्यम व्यायाम एंटीऑक्सिडेंट सुरक्षा प्रदान कर सकता है और रक्त प्रवाह को बढ़ावा दे सकता है, जो आपकी त्वचा की रक्षा कर सकता है और उम्र बढ़ने के संकेतों को विलंबित कर सकता है।

आपकी त्वचा आपके शरीर में ऑक्सीडेटिव तनाव की मात्रा से प्रभावित हो सकती है।

ऑक्सीडेटिव तनाव तब होता है जब शरीर की एंटीऑक्सीडेंट रक्षा मुक्त कणों के रूप में जाने वाले यौगिकों के कारण होने वाली कोशिका क्षति की पूरी तरह से मरम्मत नहीं कर सकती है। यह कोशिकाओं की संरचना को नुकसान पहुंचा सकता है और आपकी त्वचा पर नकारात्मक प्रभाव डाल सकता है।

भले ही तीव्र और संपूर्ण शारीरिक गतिविधि ऑक्सीडेटिव क्षति में योगदान दे सकती है, नियमित मध्यम व्यायाम वास्तव में आपके शरीर के प्राकृतिक एंटीऑक्सिडेंट के उत्पादन को बढ़ा सकता है, जो कोशिकाओं की रक्षा करने में मदद करता है।

उसी तरह, व्यायाम रक्त प्रवाह को उत्तेजित कर सकता है और त्वचा कोशिका अनुकूलन को प्रेरित कर सकता है जो त्वचा की उम्र बढ़ने की उपस्थिति में देरी करने में मदद कर सकता है।

व्यायाम आपके मस्तिष्क के स्वास्थ्य और याददाश्त में मदद कर सकता है

नियमित व्यायाम मस्तिष्क में रक्त के प्रवाह में सुधार करता है और मस्तिष्क के स्वास्थ्य और स्मृति में मदद करता है। वृद्ध वयस्कों में, यह मानसिक कार्य की रक्षा करने में मदद कर सकता है।

व्यायाम मस्तिष्क समारोह में सुधार कर सकता है और स्मृति और सोच कौशल की रक्षा कर सकता है।

शुरुआत करने के लिए, यह आपकी हृदय गति को बढ़ाता है, जो आपके मस्तिष्क में रक्त और ऑक्सीजन के प्रवाह को बढ़ावा देता है। यह हार्मोन के उत्पादन को भी उत्तेजित कर सकता है जो मस्तिष्क कोशिकाओं के विकास को बढ़ाता है।

साथ ही, पुरानी बीमारी को रोकने के लिए व्यायाम की क्षमता आपके मस्तिष्क के लिए लाभ में तब्दील हो सकती है, क्योंकि इसका कार्य इन स्थितियों से प्रभावित हो सकता है।

उम्र बढ़ने के बाद से वृद्ध वयस्कों में नियमित शारीरिक गतिविधि विशेष रूप से महत्वपूर्ण है - ऑक्सीडेटिव तनाव और सूजन के साथ संयुक्त - मस्तिष्क संरचना और कार्य में परिवर्तन को बढ़ावा देता है (38विश्वसनीय स्रोत, 39विश्वसनीय स्रोत)।

व्यायाम से हिप्पोकैम्पस, मस्तिष्क का एक हिस्सा जो स्मृति और सीखने के लिए महत्वपूर्ण है, आकार में बढ़ने के लिए दिखाया गया है, जो वृद्ध वयस्कों में मानसिक कार्य को बेहतर बनाने में मदद कर सकता है।

अंत में, मस्तिष्क में परिवर्तन को कम करने के लिए व्यायाम दिखाया गया है जो अल्जाइमर रोग और मनोभ्रंश जैसी स्थितियों में योगदान कर सकता है।

व्यायाम विश्राम और नींद की गुणवत्ता में मदद कर सकता है

नियमित शारीरिक गतिविधि, चाहे वह एरोबिक हो या एरोबिक और प्रतिरोध प्रशिक्षण का संयोजन, आपको बेहतर नींद और दिन के दौरान अधिक ऊर्जावान महसूस करने में मदद कर सकता है।

नियमित व्यायाम आपको आराम करने और बेहतर नींद लेने में मदद कर सकता है।

नींद की गुणवत्ता के संबंध में, व्यायाम के दौरान होने वाली ऊर्जा की कमी (हानि) नींद के दौरान पुनर्स्थापनात्मक प्रक्रियाओं को उत्तेजित करती है।

इसके अलावा, व्यायाम के दौरान होने वाले शरीर के तापमान में वृद्धि के बारे में सोचा जाता है कि नींद के दौरान शरीर के तापमान में गिरावट में मदद करके नींद की गुणवत्ता में

सुधार होता है।

नींद पर व्यायाम के प्रभावों पर कई अध्ययन इसी तरह के निष्कर्ष पर पहुंचे हैं।

छह अध्ययनों की एक समीक्षा में पाया गया कि एक व्यायाम प्रशिक्षण कार्यक्रम में भाग लेने से स्व-रिपोर्ट की गई नींद की गुणवत्ता और नींद की विलंबता को कम करने में मदद मिली, जो कि सोने में लगने वाले समय की मात्रा है।

4 महीनों में किए गए एक अध्ययन में पाया गया कि स्ट्रेचिंग और रेसिस्टेंस एक्सरसाइज दोनों ने पुरानी अनिद्रा वाले लोगों की नींद में सुधार किया।

जागने के बाद वापस सोना, नींद की अवधि और नींद की गुणवत्ता में खिंचाव और प्रतिरोध व्यायाम दोनों के बाद सुधार हुआ। स्ट्रेचिंग ग्रुप में चिंता भी कम हुई।

क्या अधिक है, नियमित व्यायाम में संलग्न होने से वृद्ध वयस्कों को लाभ होता है, जो अक्सर नींद संबंधी विकारों से प्रभावित होते हैं।

आप जिस तरह का व्यायाम चुनते हैं, उससे आप लचीले हो सकते हैं। ऐसा प्रतीत होता है कि अकेले एरोबिक व्यायाम या प्रतिरोध प्रशिक्षण के साथ संयुक्त एरोबिक व्यायाम दोनों ही नींद की गुणवत्ता में सुधार कर सकते हैं।

9

एक महान व्यक्तित्व बनें

एक महान व्यक्तित्व कैसे बनना है यह सीखा जा सकता है या कोई भी व्यक्ति ज्ञान प्राप्त कर सकता है। व्यक्तित्व सोच, भावना और व्यवहार का विशिष्ट पैटर्न है जो किसी व्यक्ति को विशिष्ट बनाता है।

जब हम कहते हैं कि किसी के पास "अच्छा व्यक्तित्व" है तो हमारा मतलब है कि वे दिलकश, दिलचस्प और सुखद हैं।

वास्तव में, आपकी सफलता और खुशी का लगभग 85 प्रतिशत इस बात का परिणाम होगा कि आप दूसरों के साथ कितनी अच्छी तरह बातचीत करते हैं। अंततः, यह आपका व्यक्तित्व है जो यह निर्धारित करता है कि लोग आपकी ओर आकर्षित हैं या आपसे दूर भागते हैं।

व्यक्ति का व्यक्तित्व व्यक्ति के अतीत और भविष्य को दर्शाता है। उनके हाव-भाव और हावभाव देखकर अंदाजा लगाया जा सकता है। व्यक्तित्व में निखार लाने के लिए व्यक्ति को अपने हाव-भाव, मुद्रा का ध्यान रखना होता है।

अपने व्यक्तित्व को निखारने के लिए आपको अच्छा दिखना होगा, आपको अच्छे तरीके से बात करनी होगी, आपको बैठना होगा, चलना होगा, बहुत अच्छे तरीके से असहमति से खाना होगा।

नीचे दी गई बातों को पढ़ें जो आपके व्यक्तित्व को निखारने में आपकी मदद करेंगी।

1. हमेशा अपने प्रति ईमानदार रहें ।

विषम परिस्थितियाँ हमेशा असहज करती हैं। कोई ऐसा व्यक्ति बनने की कोशिश न करें जो आप नहीं हैं। यदि आप कुछ नए लोगों से मिलते हैं तो उनके साथ कुछ भी सामान्य न होने की चिंता न करें, बस हल्की बातचीत करें, मित्रवत रहें और प्रश्न पूछें

2. खुश रहो।

हमेशा उजले पक्ष को देखने की कोशिश करें, सकारात्मक रहें और मुस्कुराएं। सुखी व्यक्ति का कोई विरोध नहीं कर सकता। इसका मतलब यह नहीं है कि नकली हो या महसूस

करें कि आपको अपनी भावनाओं को छुपाना है। अगर कोई चीज आपको वास्तव में परेशान कर रही है, तो कभी भी ऐसा महसूस न करें कि आपको नकली मुस्कान दिखानी है। बस सुनिश्चित करें कि आप चीजों में सर्वश्रेष्ठ देखने की कोशिश करते हैं और लोगों को दिखाते हैं कि आप एक खुश व्यक्ति हैं

3. **अपना आत्मविश्वास दिखाएं ।** आपको वह नहीं बनना है जो आप नहीं हैं, लेकिन आत्मविश्वास कई रूप ले सकता है। आत्मविश्वासी होने का मतलब यह नहीं है कि आपको अचानक अत्यधिक बहिर्मुखी और बातूनी हो जाना चाहिए। हर दिन अपने आप को आश्वस्त करें कि आप अद्भुत हैं। बस अपने व्यक्तित्व पर भरोसा रखें और दूसरे लोग आपकी ओर आकर्षित होंगे। इसे ढोंग करने का कोई फायदा नहीं है। लोग उनकी ओर आकर्षित होते हैं जो वास्तविक होते हैं।

4. **अच्छा बनने की कोशिश करें**

यही सबसे महत्वपूर्ण कदम है। कोई फर्क नहीं पड़ता कि आप कौन हैं, यदि आप अच्छे हैं, तो एक व्यक्ति आपको नापसंद करने का एकमात्र कारण यह है कि वे आपसे ईर्ष्या करते हैं। लोगों के प्रति कभी असभ्य मत बनो। यदि कोई आपके प्रति निर्दयी हो रहा है, तो कल्पना करने की कोशिश करें कि उसके इस तरह से व्यवहार करने का क्या कारण हो सकता है। हो सकता है कि वे अपने जीवन में वास्तव में एक कठिन परिस्थिति से गुजर रहे हों और वास्तव में वे एक बहुत अच्छे इंसान हैं। लोगों में सर्वश्रेष्ठ मानने की कोशिश करें। आपको भोला होने की ज़रूरत नहीं है और शंकालु बने रहना ठीक है, लेकिन इसका मतलब यह नहीं है कि आपके पास किसी के साथ बुरा व्यवहार करने का कोई बहाना है

5. **शांत, शांत और एकत्रित रहें।**

आपको हमेशा अपना कूल रखने के लिए याद रखना होगा। यह आपको अत्यधिक सम्मान अर्जित करेगा, खासकर यदि आप उन स्थितियों में शांत रहते हैं जहां हर कोई घबराता है । बस चीजों को लेने की कोशिश करें जैसे वे आती हैं और बहुत अधिक या बहुत कम नहीं होती हैं। यह कुछ ऐसा है जो आप सचेत रूप से कर सकते हैं और लोग सब कुछ एक साथ रखने की आपकी क्षमता का वास्तव में सम्मान करेंगे

6. **एक बेहतर श्रोता बनें ।**

जैकलीन कैनेडी ओनासिस को दुनिया की सबसे आकर्षक महिलाओं में से एक माना जाता था क्योंकि उन्होंने एक असाधारण श्रोता होने का कौशल विकसित किया था। वह इस बात के लिए जानी जाती थीं कि वह किस तरह किसी व्यक्ति की आंखों में देखती हैं, उनके हर शब्द पर कायम रहती हैं और उन्हें महत्वपूर्ण महसूस कराती हैं। इससे ज्यादा आकर्षक कुछ भी नहीं है कि कोई आपको ध्यान से सुने और आपको ऐसा महसूस कराए कि आप दुनिया में अकेले व्यक्ति हैं।

7. **एक अच्छे संवादी बनें ।**

यह इससे संबंधित है कि आप कितना पढ़ते और जानते हैं। एक बार जब आपके पास योगदान देने के लिए बहुत कुछ हो, तो दूसरों के साथ इसके बारे में बात करना सीखें। कोई भी सब कुछ पढ़ या जान नहीं सकता है, इसलिए दूसरों से उन चीजों को सीखना ताज़ा है जो हमारे पास खुद को पढ़ने के लिए समय नहीं है।

8. सकारात्मक दृष्टिकोण और दृष्टिकोण रखें ।

कौन ऐसे लोगों के आसपास रहना चाहता है जो नकारात्मक हैं, बहुत शिकायत करते हैं, या कहने के लिए कुछ भी अच्छा नहीं है? वास्तव में, हममें से अधिकांश लोग उन्हें आते हुए देखकर ही दौड़ पड़ते हैं। इसके बजाय, उस तरह के उत्साही व्यक्ति बनें जो कमरे में प्रवेश करते ही आपकी ऊर्जा से रोशन हो जाए। लोगों और चीजों में सर्वश्रेष्ठ की तलाश करके इसे करें। गर्मजोशी से मुस्कुराएं, अच्छा उत्साह फैलाएं, और अपनी उपस्थिति से दूसरों को उत्साहित करें।

9.मजेदार बनें और जीवन के हास्य पक्ष को देखें ।

हर कोई किसी ऐसे व्यक्ति की कंपनी का आनंद लेता है जो उन्हें हंसाता या मुस्कुराता है, इसलिए एक स्थिति में विनोदी, विचित्र पक्ष की तलाश करें - हमेशा एक होता है। कॉमिक रिलीफ कई बार बहुत स्वागत योग्य और आवश्यक मोड़ है। जब आप अन्यथा नीरस या उदास सेटिंग में मज़ेदार और हल्के-फुल्केपन को जोड़ सकते हैं, तो दूसरे स्वाभाविक रूप से आपकी ओर आकर्षित होंगे, आभारी होने का उल्लेख नहीं करेंगे।

10. दूसरों का साथ देना ।

सहायक होना शायद सबसे प्रिय गुण है जिसे आप अपने व्यक्तित्व में एकीकृत कर सकते हैं। जिस तरह आप इसका स्वागत करते हैं, उसी तरह दूसरों के लिए सहारा बनें जब उन्हें इसकी आवश्यकता हो। हम सभी अपने कोने में एक चीयरलीडर से प्यार करते हैं; कोई है जो उत्साहजनक है हम पर विश्वास करता है और जब हम नीचे होते हैं तो हमें उठाने में मदद करता है।

10

अमीर बनो या करोड़पति

यदि कोई व्यक्ति अपने दोस्तों, पड़ोसियों और इस दुनिया के सभी लोगों को जीतना चाहता है और अपने जीवन में सफल होना चाहता है तो उसके पास कुछ गुण और विशेषताएं होनी चाहिए।

मैं महान नेताओं के गुणों और विशेषताओं और कुछ अनुभवों के बारे में साझा कर रहा हूं और वे कैसे इस ग्रह पर जीतते हैं और अभी भी यहां अपने विचारों के रूप में मौजूद हैं।

लोगों का दिल जीतने के लिए एक व्यक्ति में जो पहला गुण और गुण होना चाहिए, वह है अमीर बनने की क्षमता। इससे कोई फर्क नहीं पड़ता कि वह अमीर है या नहीं, उसके पास पैसा कमाने और प्रसिद्ध होने के गुण होने चाहिए। उसके लिए, उसे कौशल सीखना चाहिए ताकि वह अपने जीवन में जो चाहे प्राप्त कर सके और अपने जीवन में सफल हो सके।

धन लगभग हर कोई चाहता है, लेकिन वास्तव में बहुत कम लोग जानते हैं कि इसे पाने के लिए उन्हें क्या करना चाहिए। अमीर बनने के लिए भाग्य, कौशल और धैर्य का संयोजन चाहिए। अमीर बनने के लिए, आपको अपने आप को एक ऐसे रास्ते पर स्थापित करना होगा जो एक आर्थिक रूप से समृद्ध करियर की ओर ले जाता है, फिर आप जो पैसा कमाते हैं उसे निवेश करके, उसे बचाकर, और अपने जीवन-यापन के खर्चों को कम करके बुद्धिमानी से संभालें। अमीर बनना आसान नहीं है, लेकिन थोड़ी सी दृढ़ता और कुशल निर्णय लेने से यह निश्चित रूप से संभव है।

शेयर बाजार में पैसा लगाएं। स्टॉक, बॉन्ड, या निवेश के अन्य साधनों में पैसा निवेश करें जो आपको निवेश पर वार्षिक रिटर्न (आरओआई) देगा जो आपकी सेवानिवृत्ति में आपको बनाए रखने के लिए पर्याप्त होगा। उदाहरण के लिए, यदि आपके पास एक मिलियन डॉलर का निवेश है और आपको एक विश्वसनीय 7% ROI मिलता है, तो यह प्रति वर्ष $70,000 है, कम मुद्रास्फीति।

डे ट्रेडर्स के बहकावे में न आएं जो आपको बताते हैं कि जल्दी पैसा कमाना आसान है। प्रतिदिन दर्जनों स्टॉक खरीदना और बेचना अनिवार्य रूप से जुआ है। यदि आप कुछ ख़राब

ट्रेड करते हैं — जो करना अविश्वसनीय रूप से आसान है — तो आप बहुत सारा पैसा खो सकते हैं। अमीर बनने का यह अच्छा तरीका नहीं है।

इसके बजाय लंबी अवधि के लिए निवेश करना सीखें। ठोस फंडामेंटल वाले अच्छे स्टॉक और पैसिव फंड चुनें और उन उद्योगों में उत्कृष्ट नेतृत्व करें जो भविष्य के विकास के लिए प्रमुख हैं। फिर अपने स्टॉक को बैठने दें। इसके साथ कुछ मत करो। इसे उतार-चढ़ाव का मौसम दें। यदि आप बुद्धिमानी से निवेश करते हैं, तो आपको समय के साथ बहुत अच्छा करना चाहिए।

यदि आप निवेश करने के लिए एक छोटी राशि के साथ शुरुआत कर रहे हैं, तो इंडेक्स फंड आपके लिए एक अच्छा विकल्प हो सकता है, क्योंकि उनकी फीस कम होती है और वे आपको शेयर बाजार में कुछ अपेक्षाकृत सुरक्षित जोखिम दे सकते हैं।

सेवानिवृति के लिए पैसे बचाएं। बचत करते रहें। ऐसा लगता है कि कम लोग सेवानिवृति के लिए पर्याप्त बचत कर रहे हैं। कुछ को लगता है कि वे कभी रिटायर नहीं हो पाएंगे। IRAs और 401Ks जैसी कर-आस्थगित सेवानिवृति योजनाओं का लाभ उठाएं। वे जिस टैक्स ट्रीटमेंट में शामिल हैं, वह आपको रिटायरमेंट के लिए तेजी से बचत करने में मदद करेगा।

सामाजिक सुरक्षा पर अपना पूरा भरोसा न रखें । हालांकि यह एक अच्छी शर्त है कि सामाजिक सुरक्षा अगले 20 या इतने सालों तक काम करना जारी रखेगी, कुछ आंकड़े बताते हैं कि अगर कांग्रेस मौलिक रूप से व्यवस्था में बदलाव नहीं करती है - या तो कर बढ़ाकर या लाभ कम करके - सामाजिक सुरक्षा उपलब्ध नहीं होगी इसका वर्तमान स्वरूप। हालाँकि, यह संभव है कि कांग्रेस सामाजिक सुरक्षा को "ठीक" करने के लिए कार्य करेगी। किसी भी घटना में, सामाजिक सुरक्षा को कभी भी उनके बाद के वर्षों में सेवानिवृत्त लोगों के लिए एकमात्र संसाधन नहीं बनाया गया था। इससे यह और भी महत्वपूर्ण हो जाता है कि आप बचत करें और भविष्य के लिए निवेश करें।

रोथ इरा में निवेश करें। एक रोथ इरा एक सेवानिवृति खाता है जिसमें कामकाजी व्यक्ति $ 5,500 की वार्षिक राशि का योगदान कर सकते हैं। उस पैसे को फिर निवेश किया जाता है और चक्रवृद्धि ब्याज मिलता है। यदि आप अपने रोथ इरा से पैसे निकालने के लिए सेवानिवृति की आयु तक प्रतीक्षा करते हैं, तो जो पैसा आप निकालते हैं, उस पर कर नहीं लगता है, क्योंकि उस समय कर लगाया गया था जब आपने इसे पहली बार अर्जित किया था।

ईपीएफ खाते में योगदान करें। यह आपके नियोक्ता द्वारा स्थापित एक खाता है जहां पूर्व-कर अंशदान का निवेश किया जा सकता है। आपका नियोक्ता आपके योगदान के सभी या हिस्से का मिलान करना चुन सकता है। यह संभवत: आपके जीवन में "मुफ्त धन" प्राप्त करने के लिए निकटतम चीज है! मैच का पूरा फायदा उठाने के लिए कम से कम इतना योगदान दें

अचल संपत्ति में निवेश करें। अपेक्षाकृत स्थिर संपत्ति जैसे किराये की संपत्ति, या संभावित विकास भूमि लगातार बढ़ते क्षेत्र में धन बनाने का एक अच्छा तरीका है। जैसा कि किसी भी निवेश के साथ होता है, इसकी कोई गारंटी नहीं है। हालांकि, कई लोगों ने रियल एस्टेट के साथ काफी अच्छा किया है। इस तरह के निवेश समय के साथ मूल्य में सराहना की संभावना है। उदाहरण के लिए, कुछ लोग सोचते हैं कि मैनहट्टन में एक अपार्टमेंट किसी भी पांच साल की अवधि में मूल्य में वृद्धि की लगभग गारंटी है।

अकादमिक रूप से एक्सेल। चाहे वह चार साल का कॉलेज हो या व्यावसायिक प्रशिक्षण, कुछ सफल लोग हाई स्कूल से आगे की शिक्षा प्राप्त करते हैं। करियर के शुरुआती चरणों में, आपके नियोक्ताओं के पास आपकी शैक्षिक पृष्ठभूमि के अलावा आपको आंकने के लिए बहुत कम होता है। उच्च ग्रेड आमतौर पर उच्च वेतन का कारण बनते हैं।

सही पेशा चुनें। वेतन सर्वेक्षण देखें जो विशिष्ट व्यवसायों के लिए औसत वार्षिक आय का संकेत देते हैं। यदि आप वित्त में करियर के विपरीत शिक्षण में करियर बनाते हैं तो आपके अमीर होने की संभावनाएं कम हो जाती हैं। यहाँ अमेरिका में सबसे अधिक भुगतान वाली कुछ नौकरियां हैं:

डॉक्टर और सर्जन। एनेस्थेसियोलॉजिस्ट प्रति वर्ष \$200,000+ से अधिक कमाते हैं।

पेट्रोलियम इंजीनियर। गैस और तेल कंपनियों के साथ काम करने वाले इंजीनियर बहुत अच्छा जीवन यापन कर सकते हैं। ज्यादातर मामलों में, वे प्रति वर्ष \$135,000 से ऊपर कमाते हैं।

वकील। वकीलों का प्रति वर्ष \$130,000 से थोड़ा ऊपर है, यदि आप समय लगा सकते हैं तो यह एक आकर्षक क्षेत्र बन जाता है।

आईटी प्रबंधक और सॉफ्टवेयर इंजीनियर। यदि आप प्रोग्रामिंग में अच्छे हैं और कंप्यूटर में माहिर हैं, तो इस बहुत अच्छी तरह से मुआवजे वाले क्षेत्र पर विचार करें। IT प्रबंधक नियमित रूप से प्रति वर्ष \$125,000 कमाते हैं।

सही जगह चुनें। वहां जाओ जहां अच्छी नौकरियां हैं। यदि आप वित्त को आगे बढ़ाना चाहते हैं, उदाहरण के लिए, ग्रामीण, कम आबादी वाले क्षेत्रों की तुलना में बड़े शहरों में कहीं अधिक अवसर हैं। यदि आप स्टार्ट-अप बनाना चाहते हैं, तो आप शायद सिलिकॉन वैली जाने पर विचार करना चाहेंगे। अगर आप एंटरटेनमेंट इंडस्ट्री में कुछ बड़ा करना चाहते हैं तो उस जगह जाइए।

नौकरी और नियोक्ता बदलें। एक बार जब आप अपने बेल्ट के तहत कुछ अनुभव प्राप्त कर लेते हैं, तो एक नई नौकरी खोजने पर विचार करें। अपने वातावरण को बदलकर, आप अपना वेतन बढ़ा सकते हैं और विभिन्न कॉर्पोरेट संस्कृतियों का अनुभव कर सकते हैं। ऐसा कई बार करने से न डरें। यदि आप एक मूल्यवान कर्मचारी हैं, तो इस बात की भी संभावना है कि आपकी वर्तमान कंपनी आपको तनख्वाह बढ़ाने या अन्य लाभों की पेशकश कर सकती है यदि वे जानते हैं कि आप नौकरी छोड़ना चाहते हैं।

एक बजट बनाएं (और उससे चिपके रहें)। एक मासिक बजट बनाएं जो आपके सभी बुनियादी खर्चों को कवर करे और थोड़ा सा "मजेदार" पैसा अलग रखे। अपने बजट पर टिके रहना और हर महीने कम से कम कुछ पैसे बचाना अमीर बनने के आपके प्रयासों की नींव रखने का एक अच्छा तरीका है।

एक सफल इंसान बनने और स्वस्थ जीवन जीने के लिए स्किल बहुत जरूरी है। मैं नीचे उन कौशलों का वर्णन कर रहा हूँ जो उसकी मदद कर सकते हैं।

अपने खर्चों को ट्रैक करें । अपने खर्चों में कटौती करने की दक्षता को बढ़ाने के लिए, उन पर नज़र रखना महत्वपूर्ण है। मनी लवर या मिंट जैसे कई व्यय ट्रैकिंग अनुप्रयोगों में से एक को चुनें, और अपने बटुए में और बाहर जाने वाले हर एक पैसे को रिकॉर्ड करें। लगभग 3 महीने के बाद, आपको यह जानने में सक्षम होना चाहिए कि आपका अधिकांश पैसा कहाँ जाता है और आप उसके लिए क्या कर सकते हैं।

अपने क्रेडिट कार्ड से नाता तोड़ लें । क्या आप जानते हैं कि जो लोग खरीदारी के लिए क्रेडिट कार्ड का उपयोग करते हैं, वे नकद का उपयोग करने वाले लोगों की तुलना में अधिक पैसा खर्च करते हैं? ऐसा इसलिए क्योंकि नकदी के साथ बिदाई दर्दनाक है। क्रेडिट कार्ड का उपयोग करने में इतना स्टिंग नहीं होता है। यदि आप कर सकते हैं, तो अपने क्रेडिट कार्ड को तलाक दें और देखें कि नकद भुगतान करना कैसा लगता है। आप शायद पैसे की नाव की बचत करेंगे।

यदि आपके पास क्रेडिट कार्ड है, तो खर्चों को कम करने के लिए कुछ करें। हर महीने और समय पर पूरी बकाया राशि का भुगतान करने का प्रयास करें। इसका परिणाम ब्याज मुक्त ऋण होता है। कम से कम, विलंब शुल्क से बचने के लिए देय तिथि से पहले न्यूनतम मासिक भुगतान करें।

1. कम्युनिकेशन स्किल्स - एक सफल करियर बनाने के लिए मजबूत कम्युनिकेशन स्किल्स का विकास जरूरी है। लेकिन आपके संचार कौशल आपके निजी जीवन में भी महत्वपूर्ण भूमिका निभाते हैं। सबसे अधिक मांग वाले संचार कौशल और उन्हें सुधारने के तरीके के बारे में जानें। सफल संचार हमें लोगों और स्थितियों को बेहतर ढंग से समझने में मदद करता है। यह हमें विविधताओं को दूर करने, विश्वास और सम्मान बनाने और रचनात्मक विचारों को साझा करने और समस्याओं को हल करने के लिए स्थितियां बनाने में मदद करता है। एक व्यक्ति के पास संचार कौशल होना चाहिए जो उसे जीवन में सफल होने में मदद कर सके, और वह उन्हें सुधार सके। शीशे के सामने या जानवरों के सामने अभ्यास करना आपके कौशल को सुधारने का एक बहुत अच्छा तरीका है। अगर कोई किसी कोचिंग क्लास या संस्थान में शामिल होना चाहता है जो उनकी मदद भी करेगा लेकिन फिर भी उसे उस पर लगातार अभ्यास करना होगा।

2. निरंतरता - किसी भी कौशल या ज्ञान को सीखने के लिए मनुष्य को बिना किसी बहाने के उसका अभ्यास जारी रखना पड़ता है।

3. समय की कीमत समझें- समय की कीमत किताबें पढ़कर नहीं सीखी जा सकतीं। अनुशासित जीवन जीने के लिए अच्छी आदतों का अभ्यास करके ही इसे समझा जा सकता है। हम सभी ने अपने बड़ों को यह कहते सुना है कि समय किसी का इंतजार नहीं करता; टालमटोल करना बंद करें और निर्धारित समय सीमा के भीतर अपना काम करें। हर कोई समय के मूल्य पर जोर देता है, इसलिए आप समझते हैं कि यह कितना मायने रखता है। समय आपके हाथ से रेत की तरह फिसल जाता है; आप इसे हमेशा के लिए नहीं रख सकते। यह उड़ जाता है। समय परिमित है लेकिन अनंत भी है। समय हमारे जीवन की सबसे कीमती चीज है जो हमें अनुशासित बनाता है और हमें एक अच्छा जीवन जीने में मदद करता है। समय की बर्बादी हमारे विकास और सफलता में बाधा बन सकती है। जीवन में उत्कृष्टता प्राप्त करने के लिए हमें अपने समय का कुशलतापूर्वक उपयोग करना चाहिए।

एक व्यक्ति को गुणों के मूल्य को समझना चाहिए जैसे समय पैसा है और आपको जो कुछ भी महसूस करना है वह सब कुछ है। बिना भावनाओं के। आप समय का मूल्य नहीं समझ सकते। एक सेकंड की वजह से इंसान की मौत हो सकती है। ऐसे कई उदाहरण हैं जो कहते हैं कि यदि व्यक्ति समय का सदुपयोग नहीं करता है तो वह निश्चित रूप से अपने जीवन में असफल होगा

4. स्थिति को महसूस करें – एक व्यक्ति को वह सब कुछ महसूस करना चाहिए जो वह कर रहा है। वह गलत या सही कर रहा है या अच्छा या बुरा कर रहा है। यदि वह सभी बातों से अवगत नहीं है तो वह एक बहुत बड़ी गलती करेगा जिसकी उसे भविष्य में बड़ी कीमत चुकानी पड़ेगी।

डीप स्किल्स सीखें - प्रत्येक व्यक्ति को डीप स्किल्स सीखनी चाहिए एक व्यक्ति को एक विषय का विशेषज्ञ होना चाहिए। उसके लिए वह उसके विषय का प्रतिदिन अध्ययन कर सकता है।

विभिन्न तरीकों से पैसा कमाना पड़ता है । एक निष्क्रिय आय स्ट्रीम के साथ, आप समय के साथ कम या बिना किसी निरंतर प्रयास के पैसा कमा सकते हैं। आरंभ करने के लिए यहां कुछ विचार दिए गए हैं। निष्क्रिय आय एक धन धारा है जिसके लिए बहुत कम या निरंतर प्रयास की आवश्यकता नहीं होती है। व्यवसाय मॉडल के रूप में, यह काफी हद तक आत्मनिर्भर है; अक्सर, निष्क्रिय आय में किसी प्रकार का अग्रिम या प्रारंभिक निवेश शामिल होता है जो दीर्घकालिक स्थिर लाभ उत्पन्न करता है। आंतरिक राजस्व सेवा (आईआरएस) दो "निष्क्रिय गतिविधियों" को परिभाषित करती है

1. व्यापार या व्यावसायिक गतिविधियाँ जिनमें भौतिक भागीदारी की आवश्यकता नहीं होती है।

2. किराये की गतिविधियाँ।

पैसिव इनकम कमाना एक आकर्षक विचार हो सकता है, लेकिन यह ध्यान रखना महत्वपूर्ण है कि आपके निवेश को बढ़ने में कुछ समय लग सकता है

निष्क्रिय आय विचार

वित्तीय निवेश करें

वित्तीय निवेशों में कई विकल्प शामिल हैं, जैसे शेयर बाजार में निवेश, म्युचुअल फंड, बॉन्ड और सहकर्मी ऋण देना, और उन्हें ब्याज अर्जित करने के लिए मामूली अनुवर्ती कार्य की आवश्यकता होती है। आपके लिए सर्वोत्तम निवेश विकल्पों का पता लगाने के लिए एक वित्तीय सलाहकार के साथ काम करें।

2. किराये की संपत्ति के मालिक हों ।

रेंटल आय अतिरिक्त पैसा कमाने का एक स्थिर तरीका हो सकता है, लेकिन, चाहे आप लंबी अवधि के किरायेदार हों या अल्पकालिक किराएदार हों, यह निष्क्रिय आय स्रोत नियमित घर के स्वामित्व के सभी आवश्यक रखरखाव के साथ आता है।

स्वयं प्रकाशन

यदि आपके पास ज्ञान का खजाना है या कहानी के लिए कोई विचार है, तो आप एक किताब लिख सकते हैं और इसे ऑनलाइन बेच सकते हैं। बहुत से लोग किंडल डायरेक्ट पब्लिशिंग जैसी सेवा का उपयोग करना चुनते हैं, जो आपको अपने शब्दों को ईबुक या प्रिंट संस्करण में बदलने और इसे अमेज़ॉन पर बेचने में सक्षम बनाता है।

सामग्री बनाएँ।

यदि वीडियो आपकी पसंद का माध्यम है, तो आप YouTube पर अपनी मूल रचनाएँ अपलोड करके और YouTube सहयोगी कार्यक्रम के साथ मुद्रीकरण के लिए अपना खाता सेट करके पैसा कमा सकते हैं। आपके द्वारा बनाए जा सकने वाले वीडियो के प्रकारों की कोई सीमा नहीं है—सूचनात्मक, लघु फिल्म, मूल संगीत, यहां तक कि परिवेशी शोर—हालांकि YouTube सहयोगी कार्यक्रम में शामिल होने के लिए कई आवश्यकताएं हैं, जिनमें न्यूनतम संख्या में दृश्य और अनुसरणकर्ता शामिल हैं।

और भी बहुत से विचार हैं जो आपको अमीर बनने में मदद कर सकते हैं।

मैं इस ग्रह पर सफलता पाने वाले हमारे महान नेताओं के अनुसार सफलता की परिभाषा देना चाहता हूं। वे कहते हैं कि सफलता का अर्थ है एक सुखी जीवन जीना और एक ऐसा समाज बनाना जहां सभी मनुष्य और अन्य प्राणी खुशी से रह सकें।

लेकिन कोई भी यूट्यूब चैनल बनाने से पहले टर्म्स एंड कंडीशंस को पढ़ लेना चाहिए जिससे आपका चैनल उस वजह से डिलीट नहीं होगा।

आप अपने चैनल को ग्रो करने के लिए बहुत मेहनत करते हैं और अचानक YouTube इसे सस्पेंड कर देता है तो आपको कुछ नहीं मिलता है और यह सिर्फ आपका समय बर्बाद कर रहा है।

इसलिए इन्हें करने में बेहद सावधानी बरतें।

11
अनुशासित जीवन

स्वयं पर विजय प्राप्त करना पहली और सर्वश्रेष्ठ विजय है

सजा से बचने के लिए अनुशासन किसी और के मानकों का पालन नहीं है। यह सार्थक उद्देश्यों को प्राप्त करने के लिए जानबूझकर मानकों को सीखना और लागू करना है।

अपने आप को और दूसरों को प्रभावी ढंग से नेतृत्व करना सीखना अनुशासन में आता है। खुशी, सफलता, और तृप्ति फोकस और आत्म-नियंत्रण से आती है। यह विश्वास करना मुश्किल हो सकता है कि जब आप ऑल-यू-कैन-ईट बुफे का सामना कर रहे हों, जल्दी पैसा बनाने की संभावना, या पेलोटन पर सोने के आलसी लालच के खिलाफ हो, लेकिन अध्ययनों से पता चलता है कि स्वयं के साथ लोग- अनुशासन अधिक सुखी होता है। क्यों? क्योंकि अनुशासन और आत्म-नियंत्रण से हम वास्तव में उन लक्ष्यों को अधिक प्राप्त करते हैं जिनकी हम वास्तव में परवाह करते हैं। आत्म-अनुशासन परिभाषित लक्ष्यों और प्राप्त लक्ष्यों के बीच का सेतु है।

मैं सिर्फ एक कहानी साझा कर रहा हूं जो दिखाती है कि अनुशासन सफलता की कुंजी है।

तेज धूप वाले दिन तीन युवक जंगल से जा रहे थे।

ये लोग अद्भुत दोस्त थे, और उन सभी के जीवन में महत्वाकांक्षी लक्ष्य थे। जॉन, केविन और फ्रैंक उनके नाम थे।

जब दोस्त अपने लक्ष्यों के बारे में बात कर रहे थे, सुंदर लड़कियों के बारे में बात कर रहे थे, और मजाक कर रहे थे, केविन अचानक एक चिल्लाहट के साथ पृथ्वी पर गिर गया!

जॉन और फ्रैंक उस छेद की ओर भागे जहां केविन गिरा था।

जॉन चिल्लाया, "हे भगवान केविन! तुम ठीक तो हो न?"

केविन ने कमजोर होकर उत्तर दिया, "हाँ, मुझे ऐसा लगता है ... क्या आप लोग मुझे यहाँ से निकलने में मदद कर सकते हैं?"

फ्रैंक और जॉन ने केविन को पकड़ लिया और उसे ऊपर खींच लिया।

"धन्यवाद, दोस्तों, मैंने सोचा कि मैं वहां एक सेकंड के लिए एक गोनर था। यह छेद क्या है?

फ्रैंक ने एक पॉकेट टॉर्च निकाली और छेद में रोशनी डाली।

"मुझे लगता है कि यह एक कुआँ है," फ्रैंक ने कहा।

जॉन ने कहा, "ठीक है जीज़, मैंने एक खतरे की चेतावनी का संकेत देखा या कुछ आपको बता रहा था कि जंगल के रास्ते के बीच में एक अच्छी स्मैक डब थी।"

अचानक, तीनों दोस्तों के सामने एक संकेत दिखाई दिया जिस पर लिखा था, "खतरा! जादुई अच्छी तरह से आगे। संभाल कर उतरें!"

फ्रैंक, जॉन और केविन चकित थे। उन्हें अपनी आंखों पर विश्वास नहीं हो रहा था।

केविन ने कहा, "बिल्कुल नहीं! यह एक सपना होना है। तो मूल रूप से, यह एक वास्तविक जीवन की शुभकामना है? मुझे लगा कि यह सब केवल फिल्मों में ही होता है।

अन्य दो मित्र सहमति में बुदबुदाए।

फ्रैंक ने एक मूर्ख की तरह दिखने का मौका लेने का फैसला किया और एक सेब की कामना की।

अचानक से उनके सामने एक सेब प्रकट हो गया।

जब अन्य दो मित्रों को पता चला कि क्या हो रहा है, तो उन्होंने भी अपनी इच्छा व्यक्त की।

केविन एक खूबसूरत महिला को डेट पर ले जाना चाहता है, जबकि जॉन एक नई साइकिल की इच्छा रखता है।

कहीं से एक काली गियर वाली साइकिल और एक प्यारी सी युवती निकली।

फ्रैंक निष्क्रिय रूप से खड़ा होकर जॉन को अपनी नई साइकिल पर घूमते हुए देख रहा था, जबकि केविन ने अपनी नई प्रेमिका के साथ छेड़खानी की। वह कह सकता था कि कुछ ठीक नहीं था।

उनके पिता ने हमेशा उन्हें चेतावनी दी थी कि अगर कुछ सच होने के लिए बहुत अच्छा लग रहा है, तो यह सबसे अधिक संभावना है।

कुएँ में कामना करने से किसी को कुछ नहीं मिलता। एक कैच होना ही था, फ्रैंक ने सोचा।

जैसे ही उसके दिमाग में यह विचार आया, साइकिल चलाते समय जॉन चिल्लाया और झाड़ियों में गिर गया।

उसके नीचे से बाइक गायब हो गई थी! केविन की नई महिला मित्र भी गायब हो गई, जिसने उसे निराश कर दिया क्योंकि उस समय तक चीजें उसके लिए काफी अच्छी चल रही थीं।

"क्या हुआ? मेरी नई बाइक गायब हो गई!" जॉन चिल्लाया।

फ्रैंक ने अपनी घड़ी चेक की।

"दोस्तों, आप ठीक 30 मिनट से अपनी इच्छाएं बना रहे हैं। मेरा मानना है कि आपको 30 मिनट में फिर से प्रयास करना चाहिए और देखें कि क्या यह फिर से होता है।"

जॉन और केविन ने फिर से अपनी-अपनी इच्छाएँ पूरी कीं। इस बार, कुछ नहीं हुआ।

"शायद हम एक ही इच्छा को दो बार या कुछ और नहीं कर सकते हैं? मैं एक स्पोर्ट्स कार की कामना करता हूं! जॉन ने कहा।

लगभग तुरंत ही, एक चमकदार लाल फेरारी उसके सामने प्रकट हुई।

"मीठा!" जॉन ने कहा।

अपनी नई प्रेमिका को खोने के बारे में उदास महसूस करते हुए, केविन ने अपने पसंदीदा जंक फूड की कामना की, बैठ गया और खाना शुरू कर दिया।

फिर से, फ्रैंक और कुछ नहीं चाहता था, यह देखना चाहता था कि 30 मिनट के बाद फिर से क्या होगा।

लो-एंड-व्यू, अगले 30 मिनट में जॉन जमीन पर गिर गया और उसे कुछ खरोंचें और खरोंचें आईं।

सौभाग्य से, 30 मिनट पूरे होने पर फेरारी पार्क की गई थी! जॉन अंदर ही बैठा था।

यह सुनिश्चित करने के बाद कि उसका दोस्त ठीक है, फ्रैंक केविन की ओर मुड़ा और पूछा, "केविन, क्या तुम्हारा पेट हल्का महसूस हो रहा है?"

"नहीं, मैं अभी भी अपने पेट में भोजन महसूस कर सकता हूँ," केविन ने कहा, अपना रात का खाना समाप्त करने के बाद। मुझे लगता है कि अगर आप 30 मिनट खत्म होने से पहले जो चाहें खा लेते हैं, तो आप इसे रख सकते हैं!"

अगले कुछ हफ्तों में तीनों दोस्त एक साथ कुएँ पर लौटेंगे।

केविन और जॉन अधिक से अधिक चीजों की कामना करते थे जो वे हमेशा से चाहते थे लेकिन उन्हें नहीं लगता था कि वे कुएं के जादू के बिना प्राप्त कर सकते थे।

अंत में फ्रैंक ने कुछ इच्छाएँ पूरी कीं और कुछ मज़ा भी किया, लेकिन जल्दी ही असंतुष्ट हो गया।

समय बीतने के साथ-साथ वह अन्य दो दोस्तों के साथ कम ही गया।

फ्रैंक ने देखा कि उसके दोस्तों ने अपने लक्ष्यों और भविष्य की योजनाओं के बारे में बात करना बंद कर दिया, जितना कि वे पहले किया करते थे।

अब, वे केवल यही सोच सकते थे कि वे जादुई कुएं से आगे क्या चाहते हैं।

जैसे-जैसे समय बीतता गया, फ्रैंक केविन और जॉन से दूर होता गया।

यह देखकर केविन और जॉन ने फ्रैंक का सामना किया और उससे पूछा कि वह उनके साथ कम समय क्यों बिता रहा है।

"आप लोगों को लगता है कि यह कुआँ एक अद्भुत खजाना है," फ्रैंक ने समझाया, "लेकिन मैं जो देख रहा हूँ वह मूर्खों का सोना है।" हम यहां जिन चीजों की कामना करते हैं उनमें से कोई भी बहुत लंबे समय तक नहीं रहती है, और मुझे विश्वास है कि आप इसके

आदी होने लगे हैं। इसके अलावा, यदि आपके पास जो है उसके लिए काम नहीं करते हैं, तो आप इसकी उतनी सराहना नहीं करेंगे, और आप नॉनस्टॉप भोग से पर्याप्त ब्रेक नहीं लेंगे।

केविन, जिसने अपने द्वारा मांगे गए सभी भोजन के परिणामस्वरूप वजन हासिल कर लिया था, ने जवाब दिया, "तो ठीक है।" मैक्स, आप जैसा चाहें वैसा करने के लिए स्वतंत्र हैं। जब तक हमारे यहां यह जादुई कुआं है तब तक हमें आपकी या आपके दबे-कुचले सिद्धांतों की जरूरत नहीं है।"

जॉन ने सिर हिलाया। कथावाचक कहते हैं, "हमारे पास वह सब कुछ है जिसकी हमें आवश्यकता है।" ज़रूर, यह बहुत लंबे समय तक नहीं रहता है, लेकिन हम चीजों की उम्मीद रख सकते हैं और कभी भी कड़ी मेहनत के तनाव से नहीं जूझना पड़ता। अगर आपको नहीं करना है तो प्रयास क्यों करें?"

फ्रैंक ने अपने दोस्तों को जादू के कुएं के छिपे खतरों से आगाह करने की कोशिश की, लेकिन उन्होंने सुनने से इनकार कर दिया।

उस क्षण, फ्रैंक ने अपने आजीवन दोस्तों को अलविदा कह दिया, क्योंकि उनके पास उन्हें मनाने के लिए और कुछ नहीं था।

वह दूर जाने लगा, बिलकुल अकेला।

अगले कुछ दशकों के लिए, फ्रैंक काम पर चला गया।

अनुशासन की उनकी महारत ने उन्हें खुद पर और अपनी भूख पर पूरा नियंत्रण रखने की अनुमति दी।

हालाँकि वह एक बहुत ही सफल और प्रभावशाली व्यक्ति था, जिसके पास लगभग कुछ भी हो सकता था जो वह चाहता था, उसके पास एक सुंदर घर, कार हो लेकिन उसने शायद ही कभी खुद को खत्म किया हो।

उन्होंने अपने धन के साथ आने वाले अविश्वसनीय अनुभवों का आनंद लिया, लेकिन उन्होंने अनुशासित प्रयास के साथ आनंद को संतुलित करते हुए संयम से ऐसा किया।

एक सुबह, फ्रैंक ने खुद को दोषी महसूस करते हुए पाया।

एक धूप के दिन, वह अपने पिछवाड़े में था, एक सुंदर नीले समुद्र के समुद्र को देख रहा था, जिसके पीछे उसका चमचमाता सफेद घर गर्व से खड़ा था।

वह उन सभी वर्षों पहले के अपने दोस्तों के बारे में सोच रहा था जब वह पानी में झाँक रहा था।

उसे लगा जैसे उसने उन्हें छोड़ दिया है, इसलिए उसने जंगल जाने का फैसला किया।

वह जानता था कि उन्हें जादुई कुएं तक आने के लिए उनके लिए लंबा इंतजार करना होगा क्योंकि वह नहीं जानता था कि क्या वे अब भी इसके पास रहते हैं या यहां तक कि अगर वे अभी भी उतनी ही बार-बार आते हैं जितनी कि वे करते थे।

इसके बावजूद, उसने अपना कैंपिंग गियर पैक किया और जंगल में चला गया। अपनी लाल बेंटले एसयूवी को पेड़ों के बाहर पार्क करने के बाद उसने सावधानी से मार्ग पर कदम

रखा।

अचानक, झाड़ियों से एक लंबी दाढ़ी और आंखों के नीचे काली आंखों वाला एक बूढ़ा दिखने वाला आदमी दिखाई दिया।

वह बदबूदार, बेहद पतला, गंदा दिखने वाला था और ऐसा लगता था कि उसने चिथड़े पहने हुए थे।

"एम-फ्रैंक?" जॉन फुसफुसाया।

फ्रैंक भ्रमित दिखाई दिए, लेकिन फिर उनकी अभिव्यक्ति जल्दी से एक शुद्ध डरावनी स्थिति में बदल गई। "हे भगवान, जॉन, क्या वह तुम हो?"

जॉन के साथ एक तनावपूर्ण बातचीत के बाद, फ्रैंक ने पाया कि कई दशक पहले जॉन और केविन कुएं के करीब होने के लिए जंगल में चले गए थे।

वे इस बात में पूरी तरह उलझ गए थे कि यह उनके लिए क्या कर सकता है।

जितने अधिक समय तक वे कुएँ के पास रहे, उतने ही अधिक वे उस पर निर्भर होते गए।

चूंकि वे जो कुछ भी चाहते थे वह 30 मिनट में गायब हो गया, उनके पास जंगल में बिताए वर्षों के लिए दिखाने के लिए कुछ भी नहीं था, जो फ्रैंक के बिल्कुल विपरीत था।

इतना ही नहीं, बल्कि उन्होंने कभी भी धैर्य, परिश्रम, कृतज्ञता और अनुशासन जैसे प्रमुख गुणों को हासिल नहीं किया क्योंकि कुएं ने जो दिया उसके लिए उन्हें कभी मेहनत नहीं करनी पड़ी।

मैजिक वेल ने केविन और जॉन दोनों को कई वर्षों तक आत्म-विनाश के नीचे की ओर सर्पिल में भेजा।

दुर्भाग्य से, जॉन ने फ्रैंक को सूचित किया कि केविन का निधन कई साल पहले सभी अस्वास्थ्यकर भोजन और पेय के कारण होने वाली जटिलताओं से हो गया था, जिसकी वह नशे की लत से कामना करता था।

जॉन नहीं जानता था कि अपने दोस्त के नुकसान का सामना कैसे करना है और उसे लगा कि वह खुद को समाज में वापस एकीकृत नहीं कर सकता है, इसलिए उसने अपना शेष जीवन जंगल में बिताने का फैसला किया।

वर्षों से, जॉन उन चीजों की कामना करते-करते थक गया था जो उसके शरीर और दिमाग को और अधिक नष्ट कर देती थीं।

वह कुएं से औजारों और प्रकृति साहित्य की कामना करने लगा ताकि यह सीख सके कि जमीन पर स्वाभाविक रूप से कैसे रहना है और इसके भयानक प्रभाव से मुक्त होना है।

फ्रैंक और जॉन ने बाकी का दिन साथ में बिताया, हालाँकि यह वास्तव में एक खुशी का पुनर्मिलन नहीं था।

दिन के अंत में, फ्रैंक ने जॉन को अपने साथ रहने के लिए आमंत्रित किया जब तक कि वह समाज में वापस नहीं आ गया, लेकिन जॉन ने सख्ती से मना कर दिया।

जैसे ही फ्रैंक जाने और घर लौटने के लिए मुड़ा, जॉन ने फोन किया, "आप सही थे आप जानते हैं। उन सभी वर्षों पहले, आपने हमें, फ्रैंक को चेतावनी देने की कोशिश की थी। मूर्खों की तरह, हमने अपने जीवन में वास्तव में स्थायी पुरस्कार बनाने के लिए अनुशासन में रखे बिना तत्काल संतुष्टि लेने की कोशिश की। मुझे अब इसका एहसास हुआ। अगर हमने सुना होता तो शायद केविन अब भी हमारे साथ होते।

जॉन की बातें सुनकर फ्रैंक जम गया। क्या कहना है, इसके बारे में अनिश्चित, फ्रैंक ने अपने चेहरे पर आँसू बहाते हुए अपनी कार की ओर चलना जारी रखा।

कहानी का निष्कर्ष यह है कि आत्म-अनुशासन के बिना जीवन में कुछ भी सार्थक नहीं है।

हमारे अपने जीवन में, "जादुई कुआँ" कई आकार ले सकता है।

कुछ लोगों के लिए, यह "जल्दी-अमीर-बनें" योजना के लिए कभी न खत्म होने वाली खोज के रूप में उभर सकता है।

यह टेलीविजन, वीडियो गेम या दूसरों के लिए पार्टी करने की लत हो सकती है।

दूसरों के लिए, यह हर समय विपरीत लिंग का पीछा करना हो सकता है।

फ्रैंक, केविन और जॉन की मंजिल जैसी ये सभी चीजें तत्काल संतुष्टि प्रदान कर सकती हैं, लेकिन वे सभी क्षणभंगुर और अल्पकालिक हैं।

यदि आप वास्तव में सफल होना चाहते हैं, तो आपको अपने जीवन में सभी "जादुई कुओं" को समाप्त करना होगा और वास्तविक अभ्यास के माध्यम से स्वयं को आत्म-अनुशासन के विकास के लिए समर्पित करना होगा।

कोई अन्य विकल्प नहीं है।

भगवत गीता का एक और महान शिक्षण रूप है ,

वहाँ अर्जुन ने भगवान कृष्ण से पूछा

चञ्चलं हि मन: कृष्ण प्रमाथि बलवद्दृढम् ।

तस्याहं निग्रहं मन्ये वायोरिव सुदुष्करम् ॥

अनुवाद: मन बड़ा चंचल, अशांत, बलवान और हठी है, हे कृष्ण। मुझे ऐसा प्रतीत होता है कि हवा की तुलना में इसे नियंत्रित करना अधिक कठिन है।

यह सच है कि जिसने अपने मन को वश में कर लिया है वह अपने जीवन में कुछ भी प्राप्त कर सकता है। लेकिन हमारा मन ज्यादातर समय अस्थिर, असहयोगी और बेचैन रहता है।

अर्जुन तो यहाँ तक कहते हैं कि यदि आप मुझे निर्देश दें तो मैं समस्त शत्रुओं पर विजय प्राप्त कर लूँगा। यदि आप मुझे आदेश दें तो मैं हवा को भी नियंत्रित कर सकता हूं। लेकिन यदि आप मुझे मन को वश में करने के लिए कहेंगे तो यह संभव नहीं होगा।

"मन चंचल, अशांत, जिद्दी और बहुत मजबूत है, हे कृष्ण, और इसे वश में करना, मुझे लगता है, हवा को नियंत्रित करने की तुलना में अधिक कठिन है।"

हम अपने दिमाग के सामने पूरी तरह से लाचार हैं। जैसे शेर के सामने मेमना बेबस होता है।

अतीत में कई योगियों और मनीषियों ने अपने मन पर नियंत्रण पाने की कोशिश की, लेकिन वे असफल रहे। ऋषि विश्वामित्र ने सब कुछ त्याग दिया, जंगल में चले गए, और कई वर्षों तक तपस्या (तपस्या) की। लेकिन वह भी अपने मन पर काबू नहीं रख पाया। मेनका को देखते ही वह स्वयं को रोक न सका और मोहित हो गया।

ऐसे असंख्य उदाहरण हैं। मन को वश में करने में बड़े-बड़े व्यक्तियों को भी कितनी कठिनाई होती है।

आप अपने अनियंत्रित मन के कारण पीड़ित हैं

आप और मैं भी अपने बेचैन मन के कारण जीवन में कितनी ही चुनौतियों का सामना करते हैं। चाहे आपका निजी जीवन हो या पेशेवर जीवन, आपको कठिनाइयों का सामना करना पड़ता है क्योंकि आपका दिमाग आपको समझदारी से काम लेने की अनुमति नहीं देता है। यह आपको कुछ ऐसी गतिविधियों में शामिल होने के लिए मजबूर करता है जिसके लिए आपको बाद में पछताना पड़ता है।

अपने अनियंत्रित मन के कारण आप आसानी से विचलित हो जाते हैं।

आपका अशांत मन आपको अपने काम पर फोकस नहीं करने देता।

एक छात्र जानता है कि अगर वह मेहनत से पढ़ाई करेगा तो उसे अच्छे अंक मिलेंगे। लेकिन जैसे ही वह कुछ ही मिनटों में अपनी किताबें खोलता है, उसका दिमाग उसे किसी दूसरी दुनिया में ले जाता है। उनका ध्यान अवधि इतनी कम है।

यही कारण है कि हम कई छात्रों को देखते हैं जो घंटों अपनी किताबों के साथ बैठे रहते हैं लेकिन अच्छे ग्रेड प्राप्त नहीं कर पाते हैं। क्योंकि उन्होंने कभी पढ़ाई नहीं की।

कामकाजी पेशेवरों को भी इसी तरह की समस्या का सामना करना पड़ता है। हो सकता है कि आप अपनी वर्क डेस्क पर बैठे हुए अपने काम को पूरा करने की कोशिश कर रहे हों, लेकिन आप ध्यान केंद्रित नहीं कर पा रहे हों। ऐसा नहीं है कि आप अपना काम करना नहीं जानते, लेकिन आपका दिमाग आपको एकाग्र नहीं होने देता। आप लंबे समय तक बैठकर काम नहीं कर पाते हैं। आप आसानी से विचलित हो जाते हैं।

हर कुछ मिनटों के बाद, आप अच्छी तरह से यह जानते हुए भी अपने ईमेल्स को चेक करना शुरू कर देते हैं कि कोई महत्वपूर्ण ईमेल आने वाला नहीं है। लेकिन आप चेक करें क्योंकि आप अपने काम पर फोकस नहीं कर पा रहे हैं।

दोबारा, आप काम करना शुरू करते हैं लेकिन कुछ ही मिनटों के बाद आप इंटरनेट ब्राउज़ करना शुरू कर देते हैं। आप कुछ ब्रेकिंग न्यूज की तलाश करते हैं। आप बार-बार फेसबुक, ट्विटर और व्हाट्सएप चेक करते हैं। आप ब्रेक लेते हैं जो जरूरी नहीं है। आप समय काटने के लिए सहकर्मियों के साथ गपशप करते हैं।

तो, एक काम जिसे आप आसानी से कुछ घंटों के फोकस्ड काम के साथ पूरा कर सकते थे, उसे पूरा करने में आपको कई घंटे या दिन भी लग जाते हैं।

किसी महत्वपूर्ण बैठक से ठीक पहले आप अपनी प्रस्तुति या स्थिति रिपोर्ट को पूरा करने की जी-तोड़ कोशिश करते हैं। बार-बार याद दिलाने वाले ईमेल के बाद ही आप आंतरिक प्रशिक्षण पूरा करते हैं। आप टालमटोल करते रहते हैं।

आप सक्रियता से काम नहीं करते हैं। आप तभी काम करते हैं जब कोई बाहरी बल लगाया जाता है। जैसे घोड़ा गाड़ी को तब तक नहीं खींचता जब तक कि उसे कोड़े न लगें।

यह ज्ञान या प्रतिभा की कमी के कारण नहीं है कि आप अपने पेशेवर जीवन में आगे नहीं बढ़ते हैं। लेकिन यह आत्म-अनुशासन और प्रतिबद्धता की कमी के कारण है।

आप औसत दर्जे के रहते हैं क्योंकि आपका मन विचलित रहता है। यह हमेशा आप पर हावी रहता है।

मन को नियंत्रित करने के लिए भगवद गीता में भगवान कृष्ण की सलाह:

अर्जुन, 5000 साल पहले इसी तरह की समस्या का सामना कर रहा था। अर्जुन कोई साधारण व्यक्तित्व नहीं थे। वह एक दुर्जेय योद्धा था। अपने समय के सर्वश्रेष्ठ धनुर्धर। उसने अनेक शत्रुओं को परास्त किया था। कई लड़ाइयां जीती थीं। लेकिन वह भी उनके मन के सामने बेबस नजर आया।

कृष्ण पूरी तरह से अर्जुन से सहमत थे। उन्होंने भी कहा था कि मन को वश में करना वास्तव में कठिन है।

लेकिन वह यहीं नहीं रुका। उन्होंने तुरंत कहा कि "यह असंभव नहीं है!"

कृष्ण ने अर्जुन को आशा दी। वास्तव में, वह आपको और मुझे आशा दे रहा है।

अर्जुन केवल अपने लिए प्रश्न नहीं पूछ रहा है। वह जानता था कि इस दुनिया में हर कोई एक जैसी चुनौतियों का सामना करता है। इसलिए, वह आपकी और मेरी ओर से सवाल पूछ रहा है।

और कृष्ण केवल अर्जुन को उत्तर नहीं दे रहे हैं। लेकिन वह हमें जवाब भी दे रहा है।

वह हमें निराश नहीं होने के लिए कह रहे हैं। वे हमें विश्वास दिला रहे हैं कि एक ऐसा उपाय है जिससे हम अपने अशांत मन को वश में कर सकते हैं।

भगवान श्री कृष्ण अर्जुन से कहते हैं, "हे कुन्ती के बलशाली पुत्र, चंचल मन को वश में करना निस्संदेह बहुत कठिन है, लेकिन उपयुक्त अभ्यास और वैराग्य से यह संभव है।"

इसलिए, वह दो प्रक्रियाओं की सिफारिश करता है :

1. अभ्यास करें

2. टुकड़ी

अभ्यास द्वारा मन को नियंत्रित करना (अभयसेन)

अभ्यास का अर्थ है किसी कार्य को बार-बार तब तक करना जब तक कि हम दक्ष न हो जाएँ।

उदाहरण के लिए, जब कोई बच्चा पहली बार साइकिल चलाने की कोशिश करता है तो वह गिर जाता है। वह सोचने लग सकता है कि उसके लिए साइकिल चलाना असंभव है। सीखने की प्रक्रिया के दौरान वह कई बार असफल होता है। लेकिन बार-बार प्रयास करने से वह हुनर सीख जाता है। फिर वह निडर होकर अपनी साइकिल की सवारी का आनंद लेता है।

यह सत्य है कि मन को वश में करना साइकिल सीखने से भी कठिन है।

लेकिन सोचिए जब आप बच्चे थे। आपने भी शुरू में सोचा था कि साइकिल चलाना असंभव है। जब आपने अपने बड़े भाई या बहन को साइकिल पर सवार देखा तो आपको जलन हुई। आप उनके जैसा बनना चाहते थे। और एक दिन आप सफल हुए।

इसी तरह अभ्यास के साथ आपको अपने मन पर नियंत्रण पाने की पूरी कोशिश करनी चाहिए।

जब आप बच्चे थे तो आपमें उत्साह था। आपको आशा थी। आपमें कुछ नया सीखने की तीव्र इच्छा थी। अब जब आप बूढ़े हो जाते हैं, तो आपमें उत्साह, आशा और चुनौतियों का सामना करने की इच्छा की कमी हो जाती है।

लेकिन आपको बच्चों जैसा उत्साह पैदा करने की जरूरत है। आपको कृष्ण के शब्दों में आशा रखनी चाहिए। और मन को वश में करने की तीव्र इच्छा।

मन को वश में करने के लिए कौन सा अभ्यास करें?

आप वर्तमान में जो गतिविधियाँ कर रहे हैं, उन पर ध्यान केंद्रित करने का अभ्यास करें। मन को विचलित नहीं होने देना चाहिए। आपको मन को भटकते ही वर्तमान स्थिति में वापस लाना चाहिए।

क्या आप तुरंत सफल होंगे। निश्चित रूप से नहीं। क्या आप शुरू में असफल होंगे। निश्चित रूप से हाँ।

लेकिन आपको कोशिश करते रहना होगा।

और बार-बार अभ्यास करने से अंततः आप अपने मन पर विजय प्राप्त कर लेंगे।

महान वैदिक ऋषियों ने मन को नियंत्रित करने के लिए ध्यान का अभ्यास किया।

उन्होंने भगवान के पवित्र नामों और दिव्य रूपों का ध्यान किया। जब उनका मन विचलित हो जाता था, तो वे अपने ध्यान की वस्तु पर ध्यान केंद्रित करने के लिए अपने मन को मजबूर कर देते थे।

मन को वश में करने का सबसे अच्छा उपाय मंत्र साधना है

वर्तमान युग में हमारे बेचैन मन पर नियंत्रण पाने के लिए मंत्र ध्यान एक अनुशंसित प्रक्रिया है।

आपको कृष्ण के पवित्र नामों का जप करना चाहिए। जप करते समय आपको महामंत्र (हरे, कृष्ण और राम) के शब्दों पर ध्यान देना चाहिए और साथ ही पारलौकिक ध्वनि सुनने का प्रयास करना चाहिए।

हरे कृष्ण महामंत्र का जप करने वाले हम सभी लोगों का अनुभव है कि जप के दौरान हमारा मन कई बार भटकता है। यह अप्रत्याशित नहीं है।

लेकिन हमें तुरंत मन को जहां कहीं भी गया हो वहां से वापस लाना चाहिए और जप पर ध्यान केंद्रित करना चाहिए।

प्रारंभ में जब नामजप प्रारंभ होता है तो मन बार-बार भटकता है। मुझे अपने कॉलेज के दिनों की याद है जब मैंने पहली बार माला को अपने हाथ में लिया और जप करना शुरू किया तो जप करना असंभव था। मैं 5 मिनट भी जप नहीं कर पा रहा था।

लेकिन आज निरंतर अभ्यास से मैं रोजाना लगभग 2 घंटे जप कर सकता हूं।

मन पर पूर्ण नियंत्रण पाने के लिए बार-बार अभ्यास करने में कई वर्ष लग जाते हैं। लेकिन शुरूआती दिनों में भी आप अनुभव करेंगे कि आप काफी बेहतर स्थिति में हैं। दिमाग अब ज्यादा नहीं भटक रहा है।

वैराग्य मन पर नियंत्रण पाने में कैसे मदद करता है?

वैराग्य या वैराग्य का अर्थ है अपने मन को उन भौतिक गतिविधियों से मुक्त करना जो मन के लिए हानिकारक है। जब आपका मन पदार्थ से जुड़ता है तो यह अशुद्ध हो जाता है। और अशुद्ध मन बहुत परेशान करता है।

इसलिए, आपको अपने मन को उन वातावरणों में उजागर नहीं करना चाहिए जो वासना, क्रोध और लोभ को बढ़ाते हैं।

लेकिन आपको हमेशा अपने मन को ऐसे वातावरण में रखना चाहिए जहां वह शांत और शांत हो जाए। जहां यह सकारात्मकता से भर जाता है।

और एक नियंत्रित मन आपका सबसे अच्छा मित्र बन जाता है। तब आप महान परिणाम प्राप्त करने में सक्षम होते हैं।

मन को वश में करना एक अत्यंत कठिन कार्य है। लेकिन भगवद गीता में कृष्ण द्वारा दिए गए सूत्र का पालन करके आप अपने मन पर नियंत्रण प्राप्त कर सकते हैं। कृष्ण सिखा रहे हैं कि अभ्यास और वैराग्य से मन को नियंत्रित करना संभव है। और एक नियंत्रित मन आपका सबसे अच्छा मित्र बनेगा।

एक बार जब आपका दिमाग आपका सबसे अच्छा दोस्त बन जाता है, तो आप जो भी गतिविधियां करेंगे उसमें यह आपकी मदद करेगा।

अगर आप विद्यार्थी हैं तो आप एकचित होकर मन लगाकर पढ़ाई कर पाएंगे। आपको अब असफलता का सामना नहीं करना पड़ेगा लेकिन परीक्षा में हमेशा बहुत अच्छे अंक प्राप्त होंगे।

अगर आप नौकरीपेशा हैं तो आप पूरी ईमानदारी से, पूरे ध्यान से अपना काम कर पाएंगे। आप विचलित नहीं होंगे। आप अपने काम समय से और समय से पहले भी पूरे कर पाएंगे। कोई आखिरी मिनट जल्दी मत करो। कोई तनाव नहीं है। बॉस की फटकार का डर नहीं। खराब प्रदर्शन के कारण निकाले जाने का डर नहीं।

थिओडोर रूजवेल्ट ने एक बार कहा था, "आत्म-अनुशासन के साथ, लगभग कुछ भी संभव है।" वास्तव में आत्म-अनुशासन को सफलता की कुंजी के रूप में माना जाता है। बहुत से लोग आत्म-अनुशासन को दृढ़ संकल्प और धैर्य के रूप में श्रेय देते हैं। इसका मतलब है कि असफलताओं और कठिनाइयों के बावजूद जो हासिल करना चाहता है उसे जारी रखने की ताकत और इच्छाशक्ति होना। लेकिन वास्तव में, आत्म-अनुशासन आत्म-नियंत्रण या अपनी इच्छाओं को नियंत्रित करने की क्षमता और आलस्य, शिथिलता और गैरजिम्मेदारी जैसी बुरी आदतों का शिकार न होने के बारे में अधिक है। दूसरे शब्दों में, आत्म-अनुशासन का अर्थ है अपनी मनमानी इच्छाओं से लड़ने की इच्छाशक्ति होना।

जब एक किशोर जल्दी उठता है और खुद को ऑनलाइन कक्षाओं के लिए तैयार करता है, तो यह आत्म-अनुशासन है, क्योंकि वे लंबे समय तक सोने की इच्छा का विरोध करते हैं। यदि कोई छात्र अपना मोबाइल फोन बंद कर देता है और बिना किसी ध्यान भंग के शांतिपूर्वक पढ़ाई करता है, तो यह आत्म-अनुशासन है। बुरी आदतों, जैसे धूम्रपान या बहुत अधिक जुआ खेलने से दूर रहने के लिए बहुत प्रयास करना भी आत्म-अनुशासन है। तो, मूल रूप से, आत्म-अनुशासन अपनी स्थिति में सुधार या बेहतरी के लिए खुद को नियंत्रित कर रहा है।

आत्म-अनुशासन कुछ ऐसा है जिसे हासिल करना कठिन है, क्योंकि इसके लिए वास्तव में व्यक्ति को सही चुनाव करने के लिए स्वयं के साथ युद्ध करने की आवश्यकता होती है। लेकिन सच्चा आत्म-अनुशासन स्वयं को दंडित नहीं कर रहा है और यह किसी व्यक्ति की जीवन शैली या कुछ अवकाश के अधिकार को प्रतिबंधित करने वाला नहीं है। यह सही समय पर सही चुनाव करना है जब समय की मांग हो। जैसे गेम खेलने से पहले अपना असाइनमेंट पूरा करना। यह वास्तव में किसी की मानसिक और आंतरिक शक्ति को दर्शाता है, जो अधिक सार्थक जीवन जीने में महत्वपूर्ण है। आत्म-अनुशासन आपको स्वतंत्रता प्रदान करता है - अपनी इच्छाधारी इच्छाओं और चाहतों के गुलाम होने से मुक्ति। यह आपके समय को बुद्धिमानी से अध्ययन/कार्य, आराम और मनोरंजन के बीच विभाजित करने में मदद करता है।

स्व-अनुशासन लंबी अवधि के इनाम के लिए अल्पकालिक संतुष्टि में देरी करता है

आत्म-अनुशासन रखने से हमें आलस्य और टालमटोल पर काबू पाने में मदद मिलती है और हमें चीजों को हल्के में लेने से रोकता है। यह हमें यह चुनने का निर्देश देता है कि हम अभी क्या चाहते हैं और भविष्य के लिए हम क्या चाहते हैं। मैक्सवेल माल्ट्ज , "साइको-साइबरनेटिक्स: ए न्यू वे टू गेट मोर लिविंग आउट ऑफ लाइफ" नामक स्वयं सहायता पुस्तक के लेखक ने कहा, "जीवन में अधिक पुरस्कारों का आनंद लेने के लिए अल्पावधि में संतुष्टि में देरी करने के लिए खुद को अनुशासित करने की क्षमता दीर्घावधि सफलता के लिए अनिवार्य शर्त है।" आत्म-अनुशासन आपको भविष्य में सफलता प्राप्त करने के लिए अब क्या करने की आवश्यकता है इसका पुनर्मूल्यांकन करता है। जैसा कि कहा जाता है, जो

आप अभी बोते हैं वही आप भविष्य में काटेंगे।

स्व-अनुशासित व्यक्ति अपने जीवन पर नियंत्रण रखता है

आत्म-अनुशासन रखने से हमें आलस्य और टालमटोल पर काबू पाने में मदद मिलती है और हमें चीजों को हल्के में लेने से रोकता है। यह हमें यह चुनने का निर्देश देता है कि हम अभी क्या चाहते हैं और भविष्य के लिए हम क्या चाहते हैं। मैक्सवेल माल्ट्ज , "साइको-साइबरनेटिक्स: ए न्यू वे टू गेट मोर लिविंग आउट ऑफ लाइफ" नामक स्वयं सहायता पुस्तक के लेखक ने कहा, "जीवन में अधिक पुरस्कारों का आनंद लेने के लिए अल्पावधि में संतुष्टि में देरी करने के लिए खुद को अनुशासित करने की क्षमता दीर्घावधि सफलता के लिए अनिवार्य शर्त है।" आत्म-अनुशासन आपको भविष्य में सफलता प्राप्त करने के लिए अब क्या करने की आवश्यकता है इसका पुनर्मूल्यांकन करता है। जैसा कि कहा जाता है, जो आप अभी बोते हैं वही आप भविष्य में काटेंगे।

आप अकेले अपने जीवन की गुणवत्ता के लिए जिम्मेदार हैं

आत्म-अनुशासन के बारे में एक बात यह है कि यह एक सीखा हुआ कौशल है, जन्मजात नहीं। कुछ लोगों को आत्म-अनुशासन सिखाया जाता है जब वे छोटे होते हैं, जैसे अपना बिस्तर खुद बनाना, हर भोजन में सलाद खाना या अध्ययन और खेलने के लिए एक विशिष्ट समय होना, जबकि अन्य नहीं। लेकिन, आप कितने भी बड़े हुए हों, आत्म-अनुशासन सीखने में कभी देर नहीं होती। आपको केवल एक रणनीति और थोड़ा अभ्यास चाहिए। अपने आत्म-अनुशासन को बढ़ाने के लिए आप कुछ रणनीतियों का उपयोग कर सकते हैं, उदाहरण के लिए, एक दैनिक दिनचर्या स्थापित करना, जैसे हर दिन एक ही समय पर सोना और उठना, अपनी दैनिक गतिविधियों के लिए एक विशिष्ट समय सारिणी बनाना और ध्यान भंग और प्रलोभनों को धीरे-धीरे लेकिन लगातार दूर करना . एक और अच्छी रणनीति यह है कि आप जो करना चाहते हैं उसकी तुलना में आपको जो करना है उसके लाभों के बारे में खुद को याद दिलाएं।

अपने आप में आत्म-अनुशासन स्थापित करना पार्क में टहलना नहीं है। यह चुनौतीपूर्ण है और बहुत से लोग असफल होते हैं। लेकिन यही वह जगह है जहां आपका दृढ़ संकल्प और धैर्य काम आता है। आत्म-अनुशासन का दर्द सहें या आप पछतावे का दर्द सहें। दृढ़ रहें और हर दिन आत्म-अनुशासन का अभ्यास करते रहें, और एक दिन आप अपनी सफलता का फल प्राप्त करेंगे।

"आपके जीवन का सबसे अच्छा दिन वह है जिस दिन आप तय करते हैं कि आपका जीवन आपका अपना है। कोई क्षमा या बहाना नहीं। किसी पर निर्भर रहने, भरोसा करने या दोष देने वाला नहीं। आप अकेले इसकी गुणवत्ता के लिए जिम्मेदार हैं। (अनॉन।)

सफलता के लिए आत्म अनुशासन महत्वपूर्ण है

आत्म अनुशासन जीवन में सफलता की कुंजी है। इसके बिना आप जीवन में सफल नहीं हो सकते। सफल लोग आपको हमेशा अनुशासन में रहने की सलाह देंगे। लेकिन सवाल यह

है कि "जीवन में सफलता के लिए आत्म-अनुशासन क्यों महत्वपूर्ण है"?

आत्म-अनुशासन आपको अपने जीवन में सबसे बड़े स्तर तक पहुँचने के लिए ऊर्जा की अजेय शक्ति बनने में मदद करता है।

यदि आप जीवन में सफल होना चाहते हैं तो सबसे पहले आपको खुद को अनुशासित करना होगा।

आइए जानते हैं सफलता के लिए सेल्फ डिसिप्लिन क्यों जरूरी है इसके 6 कारण।

1. आत्म-अनुशासन एक आदत बनाता है।

आदतें आपको बना भी सकती हैं और बिगाड़ भी सकती हैं। आत्म-अनुशासन आपके जीवन में एक ऐसी आदत बनाता है जो केवल अनुशासन से ही बनती है।

अधिकांश लोग अपने जीवन में कभी भी अनुशासित नहीं रहते क्योंकि वे आलसी होते हैं। हालाँकि, आलस्य भी आदत का एक रूप है।

सफल लोग काम करने के लिए खुद को अनुशासित करते हैं और इसके अनुरूप बने रहते हैं। और यह आदत बन जाती है। यही उनके जीवन में सफलता को आकर्षित करता है।

यहां आपकी बुरी आदतों को अच्छी आदतों में बदलने के 5 बेहतरीन तरीके दिए गए हैं।

2. यह आपको काम पूरा करने में मदद करता है।

चीजों को करने के लिए आत्म-अनुशासन महत्वपूर्ण है। यह कुछ भी हो सकता है, या तो आप किताबें पढ़ने के लिए प्रतिबद्ध हों या किसी कार्य को एक समयरेखा में पूरा करें।

जब आप हर एक चीज को पूरा करने के लिए खुद को अनुशासित करते हैं, तो आप उसके चारों ओर एक व्यक्तित्व का निर्माण करते हैं।

यही आदत आपको जीवन में सफल बनाती है।

सफलता के लिए आत्म-अनुशासन महत्वपूर्ण है। क्योंकि यह आपको जीवन में निरंतर बने रहने में मदद करता है और जब आप लगातार बने रहते हैं, तो आप जीवन में वह सब कुछ हासिल कर लेंगे जो आप चाहते हैं।

3. यह आपको फोकस करने में मदद करता है।

हम ध्यान भटकाने वाली दुनिया में रहते हैं। आत्म-अनुशासन आपको अपने लक्ष्यों पर ध्यान केंद्रित करने में मदद करता है। यह आपको उस काम से चिपके रहने में मदद करता है जिसे आप सफलता प्राप्त करने के लिए करना चाहते हैं।

जब आप अपने लक्ष्य पर केंद्रित होते हैं, तो आप हर वह काम पूरा कर लेते हैं, जिसे करने की जरूरत होती है।

सफल लोगों का फोकस लेजर शार्प होता है।

वे जीवन में अपने लक्ष्यों और उपलब्धियों की ओर हमेशा अग्रसर रहते हैं। इससे उन्हें अपने जीवन में उच्च स्तर की सफलता प्राप्त करने में मदद मिलती है। आत्म-अनुशासन के लिए फोकस महत्वपूर्ण है और यदि आप सफल होना चाहते हैं, तो आपको फोकस करने की आवश्यकता है।

4. यह आपके आत्म-सम्मान और कार्य नीति को बढ़ाता है।

सफलता उन्हें मिलती है जो खुद पर विश्वास करते हैं और जो कमरे में सबसे कठिन कार्यकर्ता हैं। आत्म-अनुशासन आपको एक ही समय में अपने आत्म-सम्मान और कार्य नैतिकता को बढ़ाने में मदद करता है।

जब आप स्वयं को अनुशासित करते हैं, तो आप वास्तव में उससे चिपके रहकर अपनी कार्य नीति में सुधार कर रहे होते हैं।

यह आपको अपने उद्देश्यों को प्राप्त करने में मदद करेगा।

हालाँकि, जब आप हर दिन अपने उद्देश्यों को पूरा करते हैं, तो आप अपने काम में अपने आत्म-सम्मान और आत्मविश्वास को बढ़ाना शुरू कर देंगे।

यही कारण है कि सफलता के लिए आत्म-अनुशासन महत्वपूर्ण है।

5. यह आपको महारत हासिल करने में मदद करता है।

सफलता उन्ही को मिलती है जो उस्ताद होते है नौसिखिए नहीं। यदि आप सफलता चाहते हैं, तो आपको किसी चीज में महारत हासिल करने की जरूरत है।

10,000 घंटे तक लगाने से आप मास्टर बन जाते हैं ।

महारत अनुशासन के साथ आती है। ज्यादातर लोग इसलिए असफल हो जाते हैं क्योंकि वे किसी भी चीज में महारत हासिल नहीं कर पाते हैं। वहीं, सफल लोग एक काम करते हैं और उसमें महारत हासिल कर लेते हैं।

तो, इस तरह आत्म-अनुशासन से महारत आएगी और महारत से सफलता मिलेगी।

6. यह आपको अपना सर्वश्रेष्ठ संस्करण बनने में मदद करता है।

सफलता तभी मिलती है जब आप उसके लायक होते हैं। वर्तमान में आपके पास जो व्यक्तित्व है, उसके साथ आप सफल नहीं हो सकते। इसलिए, आपको हर दिन सुधार की जरूरत है। जीवन में सफल होने के लिए आपको खुद का सर्वश्रेष्ठ संस्करण बनने की जरूरत है।

आत्म-अनुशासन आपको दैनिक रूप से खुद को बेहतर बनाने में मदद करता है । जब आप लगातार कुछ करते हैं, तो आप हर दिन बेहतर और बेहतर होते जाते हैं। इसलिए, यही कारण है कि जीवन में सफलता और विकास के लिए आत्म-अनुशासन महत्वपूर्ण है।

आत्म-अनुशासन सफलता का सबसे महत्वपूर्ण हिस्सा है। यदि आप जीवन में सफल होना चाहते हैं तो आपको अनुशासन की आवश्यकता है। अन्यथा, अनुशासित लोगों द्वारा आपको खटखटाया जाएगा।

आपके पास अपने जीवन में उच्चतम स्तर तक पहुंचने की असीमित क्षमता है। आपको केवल आत्म-अनुशासन की आवश्यकता है।

तो समय क्यों बर्बाद कर रहे हैं, जाइए और ऐसे काम करना शुरू कीजिए जो आपको जीवन में आपके लक्ष्यों के करीब ले जाए।

12

इच्छा करो और इसे प्राप्त करो

मेरी बहुत सारी इच्छाएं हैं। मैं प्रार्थना करता हूं कि उनमें से कुछ सच हो जाएं। सभी शुभकामनाओं में से तीन मेरे लिए सबसे महत्वपूर्ण हैं।

मेरी पहली इच्छा है कि मेरे पास एक ऐसी पेंसिल हो जो मेरे द्वारा खींची गई हर चीज को वास्तविक चीजों में बदल दे। मैं उस पेंसिल से बहुत कुछ बनाऊंगा। मैं जब चाहूं चॉकलेट और नए कपड़े बनाती और रोज नए कपड़े पहनती। मैं एक साइकिल और ढेर सारे खिलौने बनाऊंगा। मैं दूसरे लोगों से भी पूछता कि वे क्या चाहते हैं और मैं उन चीजों का चित्र बनाकर उन्हें दे देता।

मेरी दूसरी इच्छा है कि मैं पंछी की तरह उड़ूं। मुझे पक्षियों से प्यार है क्योंकि वे जब चाहें उड़ सकते हैं और वे जहां जाना चाहते हैं वहां जाते हैं। पक्षी उड़ने के लिए स्वतंत्र हैं और वे हवाई जहाज और पतंग की तरह नहीं हैं। ये चीजें कुछ समय के लिए ही उड़ती हैं। पक्षी स्वतंत्र हैं। मेरा पसंदीदा ईगल पक्षी है। यह आसमान में काफी ऊंचाई तक उड़ सकता है। काश मैं ऐसा बन पाता ताकि मैं पूरी दुनिया घूम सकूं। मैं अपने शहर को ऊपर से देखूंगा। मुझे बादलों में उड़ना अच्छा लगेगा। वहां शोर नहीं होगा।

मेरी तीसरी इच्छा गरीब लोगों की मदद करना है। काश मुझे एक दिन एक बड़े बैग में ढेर सारा पैसा मिल जाता। मैं पैसे लेता और उन गरीबों को देता जो सड़कों पर पैसे मांगते हैं। मैं उनके लिए कपड़े और खाना खरीदूंगा। मैं बच्चों के लिए खिलौने खरीदता और वे उनके साथ खेलते। वे बहुत खुश होंगे और उनके माता-पिता अब और दुखी नहीं होंगे।

मेरी मां कहती है कि अगर मैं अच्छी तरह से पढ़ूंगा, तो मैं उन्हें अपने भविष्य में किसी तरह से सच कर दूंगा।

यदि आप कुछ हासिल करना चाहते हैं, तो आपको इसे हासिल करने के लिए किसी और पर निर्भर किए बिना इसे पूरा करना होगा। "हम में से प्रत्येक के भीतर एक प्रकाश है, एक अंगारा जो जलता है और हमें पहले से कहीं अधिक बनने के लिए कहता है। यह रचनात्मकता

की झिलमिलाहट है, एक विचार की चिंगारी है।

यदि आप कुछ हासिल करना चाहते हैं, तो आपको इसे हासिल करने के लिए किसी और पर निर्भर किए बिना इसे पूरा करना होगा। "हर दिन घड़ी की टिक टिक होती है, हर साल कैलेंडर चलता है। आपकी 'आईटी' को हमेशा के लिए विलंबित नहीं किया जा सकता है। 'आईटी' आपके सपने हैं, आपका उद्देश्य है।"

इस दुनिया में तीन तरह के लोग होते हैं, जो चीजों को होते हुए देखते हैं, जो आश्चर्य करते हैं कि क्या हुआ और जो चीजों को घटित करते हैं। "आपको यह निर्धारित करना है कि आप कौन से व्यक्ति हैं। आप कोई इच्छा कर सकते हैं या आप इसे पूरा कर सकते हैं। आपको पहले विश्वास होना चाहिए कि आप कर सकते हैं, कि आप करेंगे और आपको अवश्य ही करना चाहिए।"

हमारी अधिकांश इच्छाएं और सपने एक प्रमुख कारण के कारण ऐसे ही होते हैं: विश्वास।

लेकिन क्या होगा अगर हमारे सपने और इच्छाएं वास्तव में पहले सपने नहीं थे और हम जो कुछ भी कल्पना कर सकते हैं वह वास्तव में सच हो सकता है?

हमारा जीवन कई बार काफी भ्रमित करने वाला और कई बार रोमांचक हो सकता है, यह इस बात पर निर्भर करता है कि आप इसे कैसे देखते हैं। लेकिन एक बात निश्चित है कि सांसारिक और प्राकृतिक आपदाओं को छोड़कर, हम अपने जीवन में अनुभव करने के लिए जो कुछ भी चुनते हैं, उसके नियंत्रण में हम हैं।

कठिन हिस्सा वास्तव में इस पर विश्वास करना और खुद को आश्वस्त करना है कि हम अपने जीवन को बेहतर के लिए बदल सकते हैं।

शिफ्ट बनाने में आपकी सहायता के लिए यहां 12 युक्तियां दी गई हैं।

1) बहाना करें कि आप पहले से ही सफल हैं।

अपने आप को एक सफल व्यक्ति के रूप में देखने के लिए आपको वास्तव में क्या करने की आवश्यकता है? अगर आपको लगता है कि कुछ बनने के लिए आपको कुछ हासिल करना है या कुछ बनना है, तो संभावना है कि आप हमेशा के लिए इंतजार कर रहे होंगे।

सच तो यह है: सफलता की कोई शर्त नहीं है और यह केवल उसी को दी और सौंपी जा सकती है जो इसके बारे में बहुत अधिक नहीं सोचता।

पूरे विश्वास के साथ विश्वास करें कि सफलता एक ऐसी चीज है जिसके साथ आप स्वाभाविक रूप से पैदा हुए हैं और यह सफलता अपने आप में आपके द्वारा की जाने वाली हर चीज का एक उप-उत्पाद है। जो हकीकत में है। आपको बस इतना करना है कि आपने अपने जीवन में जो कुछ भी हासिल किया है उसके बारे में सोचें और आपको सच्चाई का एहसास होना शुरू हो जाएगा।

चाहे अपनी परीक्षा पास करने में सफल होना हो या आइसक्रीम के टब के साथ टीवी के सामने आलसी होना, सफलता लगातार आपके आसपास है।

2) यह मानना कि आप सफल हैं, आवश्यक नहीं है।

#1 के समान, आपको आरंभ करने के लिए स्वयं को यह विश्वास दिलाने की आवश्यकता नहीं है कि आप सफल हैं। यदि आप उन सभी समयों पर पीछे मुड़कर देखते हैं जहाँ आप उन चीजों में विफल रहे थे जो आप कर रहे थे, तो आप महसूस करेंगे कि यह वास्तव में आपको इसे जारी रखने से नहीं रोकता था, केवल इसलिए कि इसे करते समय आपको मज़ा आया था।

गतिविधि और उसके आनंद पर अधिक ध्यान केंद्रित करें और सफलता के हिस्से पर कम, क्योंकि आपकी उपलब्धि केवल इस बात की प्रक्रिया होगी कि आप क्या करते हैं और आप कौन हैं। इसके लिए संघर्ष या कार्य न करें, क्योंकि यह अंततः समय पर आएगा

भागवत में भगवान श्रीकृष्ण ने भी कहा था गीता। केवल करना आपके हाथ में है परिणाम नहीं। उन्होंने कहा कि काम करो और अपने कौशल में महारत हासिल करो, परिणाम के बारे में कभी मत सोचो। अगर आप परिणाम के बारे में सोचेंगे तो आप अपने काम पर फोकस नहीं कर पाएंगे। और निश्चिंत रहें तो आपको सफलता नहीं मिलेगी।

3) ऐसे लक्ष्य निर्धारित करें जो आपके द्वारा सोचे जा सकने वाले लक्ष्य से बड़े हों।

जबकि लक्ष्य निर्धारित करना महत्वपूर्ण है, समय के साथ लगातार बढ़ने और परिपक्व होने के कारण वे शायद ही कभी स्थिर रहते हैं। 19 साल की उम्र में मुझे जो हासिल करने की उम्मीद थी, वह लगभग वैसा ही नहीं है जैसा मैं अब हासिल करना चाहता हूं, जब मैं 29 साल का हो गया हूं। मेरे पास अब एक उद्देश्य है कि मैंने खुद को इससे जोड़ लिया है, जो मुझे कार्रवाई करने के लिए मजबूर कर रहा है।

आपका उद्देश्य क्या है? डिस्कवर करें कि यह क्या है और यदि आपके पास एक नहीं है, तो हर जागते हुए पल को अपने भीतर गहराई से खोजने में बिताएं जब तक कि आप इसे पा न लें। ज्यादातर समय, यह लगातार आपके चेहरे को घूरता रहता है।

यदि आप जो करते हैं वह आपको उत्साहित करता है, तो यह संकेत है कि आप सही रास्ते पर हैं।

4) अपने व्यक्तिगत विकास में रुचि लें और इसके प्रति सचेत रहें।

जब मैं पिछले वर्षों में अपने आप को देखता हूं और खुद से बात करते और संवाद करते हुए वीडियो देखता हूं, तो मुझे एहसास होता है कि मैंने कितना विकास किया है और मैंने इन वर्षों में कितना कुछ हासिल किया है। और यह तब की बात है जब मुझे व्यक्तिगत विकास या स्व-सहायता के बारे में कोई जानकारी नहीं थी।

संक्षेप में, यह मुझे सिर्फ यह देखने के लिए उत्साहित करता है कि मैं अगले 10 वर्षों में कहां रहूंगा, अब इसके प्रति सचेत हो गया हूं। अब आपके पास एक विकल्प है कि आप किस दिशा में जाना चाहते हैं। इसमें आपके द्वारा चुने गए विकल्प शामिल हैं, आप किस प्रकार का व्यक्तित्व विकसित करना चाहते हैं और किस प्रकार का व्यक्ति बनना चाहते हैं।

मौका देने के लिए कुछ भी नहीं बचा है और यह सब आपके द्वारा लिए गए निर्णयों पर निर्भर करता है। यह सब अब शुरू होता है।

5) उस पल के लिए क्या करने की जरूरत है, इस पर ध्यान दें ।

आपके पास अपने बारे में जो भी भव्य दृष्टि है, उसे महसूस करें कि आप इसे केवल छोटे छोटे कदम उठाकर ही प्राप्त कर सकते हैं। बड़े कदम उठाकर या कुछ ही दिनों में कोई भी वहां कभी नहीं पहुंचा।

एक यथार्थवादी कार्य योजना बनाएं और उस विशेष क्षण में क्या किया जाना चाहिए, इस पर ध्यान केंद्रित करें। एक बार जब आप इसे समझ जाते हैं तो यह काफी सहजज्ञ हो जाता है। इस बारे में सोचें कि आप क्या कर रहे हैं और फिर अपने आप से पूछें कि क्या आप जो कर रहे हैं वह आपको आपके अंतिम लक्ष्य तक ले जाएगा। यदि ऐसा नहीं होता है, तो अपना निर्णय बदलें या यदि ऐसा होता है, तो जारी रखें।

6) सही कारणों के लिए कार्य करें न कि गलत कारणों के लिए ।

हमेशा एक स्वस्थ कारण रखें कि आप वह क्यों बनना चाहते हैं जो आप बनना चाहते हैं।

क्या एक फिल्म स्टार या संगीतकार होना अंततः लोगों और महिलाओं की स्वीकृति प्राप्त करने का एक तरीका है ताकि अंत में खुद को आकर्षक रूप में देखा जा सके? या आप इसे संगीत के प्रति अपने प्रेम और शिल्प में मूल्य जोड़ने के लिए अपने जुनून और समर्पण के कारण कर रहे हैं?

समझें कि अतीत के घावों को ढंकने के लिए किसी चीज में सफल होने से वे साफ नहीं होंगे या उन्हें बेहतर नहीं बनाएंगे। महत्वपूर्ण बात यह है कि सबसे पहले अपने अतीत को सीखने के अनुभव के रूप में स्वीकार करें और उससे आगे बढ़ें। क्योंकि इसकी वास्तविकता यह है कि आप सफल हों या असफल, वास्तव में किसी को परवाह नहीं है। यह सब मायने रखता है कि आप अपने आप को कैसे महत्व देते हैं, क्योंकि कोई भी आपको उसी तरह से नहीं देखेगा जैसा आप देखेंगे।

7) अपने दिमाग को ट्रैक करें और आप जो कुछ भी करते हैं उस पर नोट्स बनाएं।

हमेशा अपने विचारों और भावनाओं की निगरानी करें क्योंकि यदि आप इससे सावधान नहीं हैं तो वे आपको ट्रैक से दूर कर देते हैं। कई बार उदास महसूस करना सामान्य बात है लेकिन अगर आप इसे हाथ से जाने देते हैं, तो यह आगे बढ़ने में आपकी प्रगति को प्रभावित कर सकता है।

अपने विचारों और भावनाओं को नोटपैड पर लिखना सीखें। या बेहतर अभी तक, इसे एक डायरी में लिखें और जो कुछ भी आपके दिमाग में है उसे जमा करने के लिए इसका इस्तेमाल करें। यह आपको स्पष्टता प्राप्त करने में मदद करेगा कि आप वर्तमान में कहां हैं और आपको परिप्रेक्ष्य प्रदान करते हैं, जो आपको प्रगति करने में सहायता करेगा।

8) अपने सीखने के प्रति जागरूक बनें।

बिंदु #7 के समान, आपको दैनिक आधार पर बढ़ने और सुधारने के लिए हमेशा तैयार रहना होगा। आप वास्तव में ऐसा तभी कर सकते हैं जब आपका दिमाग खुला रहे और आप जो भी सामग्री प्राप्त कर सकते हैं उसे पढ़ सकें।

कभी-कभी, मेंटर्स तक पहुँच प्राप्त करना संभव नहीं होता है। लेकिन पुस्तकों, पाठ्यक्रमों या ऑडियो उत्पादों के माध्यम से उन तक पहुंचना कभी भी बुरा विचार नहीं है।

आप जहां जाना चाहते हैं, वहां पहुंचने के लिए आपको क्या सीखने की जरूरत है, इस पर निर्णय लें और जितना संभव हो उतने तरीकों से उन्हें हासिल करने की कोशिश करें।

9) अपने अनुभव दूसरों के साथ साझा करें।

अपने जीवन को दूसरों के साथ साझा किए बिना कोई व्यक्ति कभी भी खुश या संतुष्ट नहीं हो सकता है। हमें सामाजिक प्राणी बनने के लिए डिज़ाइन किया गया है और इस तरह, हम उन लोगों के साथ समय बिताकर जबरदस्त संतुष्टि प्राप्त करते हैं जो हमारे समान मूल्यों और रुचियों को साझा करते हैं।

चाहे वह दोस्तों के माध्यम से हो या परिवार के माध्यम से, हमेशा अपने विचारों, विचारों और महत्वाकांक्षाओं को लोगों के साथ साझा करें क्योंकि इससे आपको अकेलापन कम महसूस करने में मदद मिलेगी।

10) रास्ते में अपनी असफलताओं और कुंठाओं को गले लगाओ ।

मेरा दृढ़ विश्वास है कि जीवन अपने आप में असफलताओं की एक श्रृंखला है, जिसे हमें बेहतर बनने के लिए अनुभव करने की आवश्यकता है। इस ग्रह पर मैं कभी भी एक भी व्यक्ति से नहीं मिला हूं जो सफल होने से पहले कभी कोई गलती करने में कामयाब नहीं हुआ।

यह बिल्कुल समझ में नहीं आता है कि जीवन में असफलताओं की कमी है, अन्यथा प्रत्येक व्यक्ति वह सब कुछ लेकर पैदा होता जो वे कभी भी शुरू करना चाहते थे। सच तो यह है कि असफलता ही यात्रा है।

11) विनम्र और जमीन से जुड़े रहना सीखें।

असफलता के माध्यम से, आपको अपने जीवन में अंततः उन कठिनाइयों के कारण प्रशंसा विकसित करनी होगी जो आपको वहां तक पहुंचने के लिए सामना करना पड़ा था।

मैं एक भी ऐसे व्यक्ति को नहीं जानता जिसने सराहना की कि उनके पास क्या था जब उन्हें आसानी से दिया गया था बनाम जब उन्हें इसके लिए कड़ी मेहनत करनी पड़ी। दिन के अंत में, आप अपने आप को अपने जीवन से जो चाहते हैं उसके लिए कड़ी मेहनत करने के लिए बाध्य हैं।

क्योंकि यह वही है जो आपको इसकी सराहना करने और एक बार ऐसा करने के बाद विनम्र बने रहने में मदद करेगा।

12) अपनी प्रगति पर नज़र रखें।

जबकि जीवन छोटा है, ऐसी कई चीजें हैं जो हम हर दिन सीखते हैं जो हमें बढ़ने और अगले स्तर तक पहुंचने में मदद करती हैं। लेकिन अपनी प्रगति को ट्रैक करने में विफल रहने के कारण हम इसे कभी नोटिस नहीं करते हैं।

हमेशा एक डायरी रखें और दिन-प्रतिदिन के आधार पर आप जो कुछ भी अनुभव करते हैं उसे लिखें; यह आपको आगे बढ़ने के लिए खुद की और भी बड़ी प्रशंसा विकसित करने में मदद करेगा, यह जानकर कि आप खुद को आगे बढ़ाने में कामयाब रहे, जो अपने आप में एक उपलब्धि है।

13

दान करो

सफलता एक ऐसी चीज है जिसे आपको अपने लिए परिभाषित करना है, और कोई भी आपके लिए यह नहीं कर सकता है। सफलता का मतलब दुनिया को वापस देने और कुछ अलग करने की भावना हो सकती है। इसका मतलब उपलब्धि और करियर की प्रगति की भावना हो सकता है।

इसका मतलब यह हो सकता है कि आप उन चीजों को करने में सक्षम हों जिनसे आप प्यार करते हैं। इसका मतलब यह हो सकता है कि आप अपने बच्चों के लिए सर्वोत्तम संभव परवरिश प्रदान करने में सक्षम हों।

अगर आप अपने भीतर सच्ची खुशी चाहते हैं तो बिना किसी उम्मीद के किसी जरूरतमंद की मदद करें, इससे आपको सच्ची खुशी और शांति मिलेगी

हमने खूब पढ़ाई और मेहनत की फिर किसके लिए पैसा कमाया। अगर आप ऐसा सोचते हैं तो हमें पता चल जाएगा कि पैसा ही एक ऐसा तरीका है जो हमारे जीवन की बुनियादी जरूरतों को पूरा कर सकता है। आपको पैसा कमाना चाहिए और हमेशा एक मिलर बनना चाहिए ताकि आप दूसरों की मदद कर सकें।

अगर हम अच्छा करेंगे तो बाकी सभी लोग अच्छा करेंगे, यह कभी न सोचें कि यह आपके पास आएगा। निडरता से यह हमारे साथ बहुत खुशी और खुशी के साथ वापस आएगा।

यदि आप सुखी धनी व्यक्ति की जीवनी पढ़ेंगे तो आपको पता चलेगा कि वे निरूपण करते थे।

हर धर्म में एक दूसरे की हर तरह से मदद करने की बात कही जा रही है। एक दिन हमें बिना कुछ सोचे समझे इस धरती को छोड़ देना है इसलिए मुझे लगता है कि आखिरी में हमें किसी जरूरतमंद के पास वापस लौटना होगा।

जरूरतमंद लोगों को पैसा देना एक व्यक्तिगत रूप से संतोषजनक अनुभव हो सकता है, लेकिन दान के माध्यम से राष्ट्रीय और अंतरराष्ट्रीय स्तर पर दान करने या सीधे अपने आसपास के लोगों को देने के बीच एक विकल्प है। यह निबंध दोनों दृष्टिकोणों की खूबियों

पर विचार करेगा।

प्रत्यक्ष सहायता प्रदान करने का पहला लाभ यह है कि आप ठीक-ठीक जान सकते हैं कि आपका धन किस प्रकार खर्च किया जा रहा है। उदाहरण के लिए, यदि आप सीधे अपने स्थानीय गाँव या कस्बे के लोगों को पैसा देते हैं, तो आप देख सकते हैं कि यह कहाँ गया है। दूसरी ओर, जब आप बड़े धर्मार्थ संगठनों को दान करते हैं, तो आप सुनिश्चित नहीं होते हैं कि प्रशासन और महंगे विपणन अभियानों जैसे अन्य लागतों पर जाने के विपरीत वास्तव में उन लोगों को कितना दिया जाएगा। एक और लाभ यह है कि आप उन लोगों पर प्रभाव देख सकते हैं जिनकी आप मदद कर रहे हैं, जिससे न केवल महान व्यक्तिगत संतुष्टि हो सकती है बल्कि स्थानीय समुदाय में उन लोगों से भी सम्मान प्राप्त हो सकता है जो आपके द्वारा किए गए कार्य की सराहना करते हैं।

हालांकि, ऐसे दान देने में फायदे हैं जो राष्ट्रीय और अंतर्राष्ट्रीय हैं। सबसे पहले और सबसे महत्वपूर्ण अच्छे कारणों का चुनाव है। स्थानीय रूप से मदद करने के स्थान सीमित हो सकते हैं, लेकिन बड़े संगठनों में आप बच्चे को प्रायोजित करने या वन्य जीवन के संरक्षण जैसी गतिविधियों में शामिल हो सकते हैं। इतना ही नहीं, एक अंतरराष्ट्रीय पहुंच के साथ बड़े धर्मार्थों को दान करने का मतलब यह ज्ञान होना है कि आप मौलिक वैश्विक महत्व के मुद्दों में शामिल हैं, जैसे कि बीमारियों और मानवाधिकारों का इलाज करना, या बाढ़, भूकंप जैसी दुखद पर्यावरणीय घटनाओं में फंसे लोगों की मदद करना और अकाल।

दोनों के लाभों को देखते हुए, मैं तर्क दूंगा कि एक व्यक्ति को अपनी व्यक्तिगत प्राथमिकताओं के आधार पर अपनी पसंद बनानी चाहिए और जो भी उन्हें सबसे अधिक व्यक्तिगत संतुष्टि प्रदान करे। जो महत्वपूर्ण है वह यह है कि हम उन लोगों को देना जारी रखते हैं जिन्हें खुद से ज्यादा जरूरत है।

मैं अब कुछ दानदाताओं का उदाहरण साझा कर रहा हूं जो समाज के लिए अच्छा कर रहे हैं।

हन्ना टेलर - द लेडीबग फाउंडेशन: जब वह 5 साल की थी, हन्ना टेलर ने देखा कि एक बेघर आदमी कड़ाके की ठंड के दिन कचरे के डिब्बे से खाना खा रहा है। अगले साल उसने लगातार अपने माता-पिता से पूछा: "क्यों? बेघरपन को समाप्त करने के लिए हर कोई सिर्फ वही साझा क्यों नहीं कर सकता जो उनके पास है?"। 8 साल की उम्र में, हन्ना ने द लेडीबग फाउंडेशन की स्थापना की, जिसने कनाडा में बेघर होने से लड़ने के लिए 3 मिलियन डॉलर से अधिक जुटाए। हन्ना एक दूसरे, अलग चैरिटी, द लेडीबग फाउंडेशन एजुकेशन प्रोग्राम इंक की संस्थापक भी हैं, जिसके माध्यम से उन्होंने " मेकचेंज : द लेडीबग फाउंडेशन एजुकेशन प्रोग्राम" बनाया, जो पूरे कनाडा के स्कूलों में युवाओं को सशक्त बनाने के लिए K-12 संसाधन है। शामिल हों और उनकी दुनिया में " मेक चेंज " करें।

क्रेग किलबर्गर - We.org: एक सुबह नाश्ते पर, 12 वर्षीय क्रेग किलबर्गर अख़बार पलट रहा था जब वह एक कहानी पर रुक गया: इकबाल मसीह, पाकिस्तान में एक 12 वर्षीय पूर्व

बाल ग़ुलाम, की हत्या कर दी गई थी क्योंकि उन्होंने मानवाधिकारों की बात की थी। उस पल में, क्रेग को एहसास हुआ कि वह इकबाल हो सकता था, लेकिन भाग्य के लिए वह कहाँ पैदा हुआ था। वहां से, क्रेग ने निर्धारित किया कि उन्हें कुछ करना है और कुछ सहपाठियों और उनके भाई की मदद से, हम (तब फ्री द चिल्ड्रन) का जन्म हुआ - एक संगठन जो बच्चों और उनके परिवारों को खुद को गरीबी से ऊपर उठाने के लिए एक मिशन के साथ सशक्त बनाता है और शोषण। टीम ने वी विलेज एडॉप्ट ए विलेज भी बनाया है, जो विकास के लिए समर्पित है, जो पांच प्रमुख स्तंभों- शिक्षा, स्वच्छ पानी और स्वच्छता, स्वास्थ्य देखभाल, खाद्य सुरक्षा और वैकल्पिक आय तक पहुंच प्रदान करता है- प्रमुख हस्तक्षेपों का एक संयोजन जो मदद करने के लिए एक समुदाय को सशक्त बनाता है। खुद को गरीबी से बाहर निकालें।

जोनास कोरोना - आईने में प्यार: जब जोनास कोरोना 6 वर्ष का था, तब वह और उसकी माँ स्वयंसेवक के लिए स्थानीय बेघर आश्रय में मासिक यात्रा करते थे। न केवल वयस्कों बल्कि जरूरतमंद बच्चों को देखने के अनुभव ने जोनास को अपना संगठन शुरू करने के लिए प्रेरित किया। जोनास कहते हैं, "हर बच्चे को आईने में देखना चाहिए और खुद से प्यार करना चाहिए" और इस तरह "लव इन द मिरर" नाम आया। लव इन द मिरर का मिशन वंचित युवाओं और उनके परिवारों को मूलभूत आवश्यकताएं प्रदान करने की अपनी स्वयंसेवी प्रतिबद्धता के माध्यम से युवाओं को अंतर करने के लिए प्रेरित करना है।

जमशेदजी टाटा

• आजीवन दान: $102.4 बिलियन

जमशेदजी टाटा 102.4 अरब डॉलर के दान के साथ पिछली सदी के दुनिया के सबसे बड़े परोपकारी व्यक्ति हैं, बिल गेट्स, वारेन बफेट और अन्य से बहुत आगे। उन्हें "हुरुन फिलैंथ्रोपिस्ट्स ऑफ द सेंचुरी" (2021) में भी पहला स्थान दिया गया था।

हालांकि वह अब इस दुनिया में नहीं हैं, लेकिन उनके परोपकारी योगदान समाज में एक सराहनीय बदलाव ला रहे हैं।

सेरेना विलियम्स

• आजीवन दान: $1 मिलियन

प्रमुख टेनिस खिलाड़ी के रूप में प्रसिद्ध, सेरेना विलियम्स ने द सेरेना विलियम्स फाउंडेशन की स्थापना की, जो शिक्षा, सामाजिक कल्याण और सामुदायिक विकास के लिए दान करती है। वह "येटंडे प्राइस नर्सिंग स्कॉलरशिप" के पीछे भी महिला हैं, जिसे कैलिफोर्निया कम्युनिटी फाउंडेशन के सहयोग से स्थापित किया गया था।

सेरेना द्वारा समर्थित अन्य चैरिटी में कॉमन ग्राउंड फाउंडेशन, एल्टन जॉन एड्स फाउंडेशन, बिल्ड अफ्रीकन स्कूल, ग्रेट ऑरमंड स्ट्रीट हॉस्पिटल, ड्राइविंग फोर्स गिविंग सर्कल, हार्ट्स ऑफ गोल्ड और वर्ल्ड एजुकेशन शामिल हैं।

जेके रॉउलिंग

• आजीवन दान: $160 मिलियन

जेके राउलिंग न केवल अपनी हैरी पॉटर पुस्तक श्रृंखला के लिए प्रसिद्ध हैं, बल्कि हैं ओपरा विनफ्रे

• आजीवन दान: $240 मिलियन

एक अमेरिकी टॉक शो होस्ट, अभिनेत्री और लेखक, ओपरा विन्फ्रे ने दान और विभिन्न हितों को निधि देने के लिए लाखों डॉलर के दान के कारण दुनिया के शीर्ष धर्मार्थ लोगों की सूची में जगह बनाई है।

उनकी नींव, द ओपरा विनफ्रे फाउंडेशन दुनिया भर में महिलाओं, बच्चों और परिवारों की प्रेरणा, सशक्तिकरण और शिक्षा का समर्थन करने की दिशा में काम करती है। उसने एक बार कहा था, "इस बारे में सोचें कि आपको क्या देना है, डॉलर के मामले में नहीं, क्योंकि मेरा मानना है कि आपका जीवन सेवा के बारे में है। यह इस बारे में है कि आप दुनिया को क्या देने आए हैं, अपने बच्चों को, अपने परिवार को।"

परोपकार में उनके अनुकरणीय कार्य के लिए भी पहचाना जाता है।

उनका अंतरराष्ट्रीय गैर-लाभकारी संगठन, लुमोस अनाथ बच्चों को उनके परिवारों को खोजने या उन्हें रहने के लिए घर उपलब्ध कराने में परेशान परिस्थितियों में सहायता करता है। उन्होंने चैरिटी कॉमिक रिलीफ के लिए भी अपना समर्थन दिखाया। उन्होंने कॉमिक रिलीफ के लिए £17 मिलियन से अधिक का दान दिया। जिसे उन्होंने 'क्विडिच थ्रू द एज' और 'फैंटास्टिक बीस्ट्स एंड व्हेयर टू फाइंड देम' की बिक्री से जुटाया था।

मार्क जुकरबर्ग और प्रिसिला चान

• आजीवन दान: $2.7 बिलियन

एक अमेरिकी मीडिया मैग्नेट, अरबपति और प्रसिद्ध परोपकारी, मार्क जुकरबर्ग ने अपनी पत्नी प्रिसिला चान के साथ इबोला के खिलाफ संघर्ष में लगभग 25 मिलियन डॉलर का दान दिया। उन्होंने सिलिकॉन वैली कम्युनिटी फाउंडेशन के माध्यम से सैन फ्रांसिस्को जनरल हॉस्पिटल को $75 मिलियन का दान भी दिया है।

उन दोनों ने एक बार कहा था, "हम यह सुनिश्चित करने के लिए अपना जीवन व्यतीत करेंगे कि आने वाली पीढ़ियों के लिए सबसे बड़ा अवसर संभव हो।"

अजीम हाशिम प्रेमजी

• लाइफटाइम डोनेशन: $21 बिलियन

शीर्ष 10 धर्मार्थ लोगों की सूची में एक और नाम अजीम प्रेमजी का है, जो बहुत प्रसिद्ध भारतीय व्यवसायी और विप्रो लिमिटेड के अध्यक्ष हैं। अजीम प्रेमजी फाउंडेशन समाज के वंचित और हाशिए पर पड़े वर्गों की बेहतरी के लिए काम करता है, उन्हें तत्काल देखभाल, आवश्यक सेवाओं तक पहुंच और एक गरिमापूर्ण भविष्य की संभावना प्रदान करता है।

उन्होंने एक बार कहा था कि उनका दृढ़ विश्वास है कि हममें से जिन्हें धन का विशेषाधिकार प्राप्त है, उन्हें उन लाखों लोगों के लिए एक बेहतर दुनिया बनाने की कोशिश करने और बनाने में महत्वपूर्ण योगदान देना चाहिए जो हमसे बहुत कम विशेषाधिकार

प्राप्त हैं।

बिल गेट्स और मेलिंडा गेट्स

• आजीवन दान: $28 बिलियन

दुनिया की बड़ी तकनीकी दिग्गज माइक्रोसॉफ्ट के कोफाउंडर और चेयरमैन बिल गेट्स के साथ सबसे शक्तिशाली महिलाओं में से एक और उनकी पूर्व पत्नी मेलिंडा गेट्स बहुत सारे परोपकारी कार्यों में शामिल हैं।

बिल एंड मेलिंडा गेट्स फाउंडेशन के जरिए ये दोनों दुनिया भर में गरीबी, बीमारी और असमानता से लड़ने की कोशिश कर रहे हैं। जुलाई 2022 में हाल के एक कदम में, बिल गेट्स ने चैरिटेबल फाउंडेशन में $20bn का और निवेश किया।

वारेन बफेट

• आजीवन दान: $48 बिलियन

दिग्गज निवेशक और बर्कशायर हैथवे के अध्यक्ष और सीईओ, वारेन बफेट ने बिल एंड मेलिंडा गेट्स फाउंडेशन को अपने भाग्य का बड़ा हिस्सा देने के लिए वर्षों से प्रतिज्ञा की है।

फाउंडेशन के ट्रस्टी (2006-2021) के रूप में सेवा करते हुए, उन्होंने दुनिया की कुछ सबसे चुनौतीपूर्ण असमानताओं को दूर करने के लिए दृष्टि को आकार देने और रणनीति विकसित करने में मदद की।

14

राजनीतिक पार्टी में शामिल हों

हमारे समाज की भलाई के लिए देश की राजनीति का हिस्सा बनें।

जहां एक व्यक्ति पूरी तरह से स्वतंत्र होने के लिए पर्याप्त धनवान है और समाज में ऐसी स्थिति देखता है जिसे वह महसूस करता है कि वास्तविक व्यक्तिगत वकालत से सुधार किया जा सकता है, तो उन्हें आगे बढ़कर उन वंचितों की ओर से बोलना चाहिए। यह, दुख की बात है, आज कई राजनेताओं के उद्देश्यों के साथ है, और जो लोग चुनाव जीतते हैं, वे अक्सर भाग्य चाहने वाले होते हैं जो ध्यान आकर्षित करते हैं। राजनीति के पुराने "ग्रे मेन" आज के टीवी समाचार सितारों की तरह करिश्माई नहीं हो सकते थे, लेकिन वे निश्चित रूप से अपने घटकों का प्रतिनिधित्व करने के लिए अधिक गंभीर थे। उन्होंने जो ज्ञान प्रदर्शित और वितरित किया वह हमारे वर्तमान व्यवस्था में गायब है।

लोगों को राजनीति में आना चाहिए ..

• लोगों को राजनीति में शामिल होना चाहिए ताकि वे अपने कल्याण में सक्रिय हो सकें,

• सिविक जॉब प्लानिंग, डिजाइन और बिल ऑडिटिंग के लिए अनिवार्य उपस्थिति में भाग लेने के लिए लोग जिम्मेदार बन सकते हैं।

• लोगों को उन पैनलों में शामिल होने के लिए राजनीति में सक्रिय होना चाहिए जहां उनके वार्डों और पंचायतों के संसाधनों, धन और उपयोगिता के लिए बजट और योजना पर चर्चा की जाती है,

• लोगों को राजनीति में शामिल होना चाहिए ताकि राष्ट्रवाद का यह सांप अपने सिर पर ठोंक सके और हमारे संविधान में वर्णित वार्डों और पंचायतों का विकास तत्काल आधार पर किया जाना चाहिए।

• लोगों को राजनीति में शामिल होना चाहिए ताकि देश को अपने अलोकतांत्रिक समूहों के संचालन से बचाने में मदद मिल सके।

• लोगों को संविधान की स्थापना और उसके मौलिक अधिकारों की रक्षा के लिए राजनीति में शामिल होना चाहिए।

• लोगों को देश को गणतंत्र बनाए रखने के लिए राजनीति में शामिल होना चाहिए न कि धार्मिक कट्टरवाद का प्रशिक्षण स्थल बनना चाहिए

राजनीति में भागीदारी और गहरा ज्ञान या रुचि होना पसंद का मामला है, जैसे संगीत या खेल में रुचि होना।

हालांकि, कुछ अन्य गतिविधियों के विपरीत, राजनीति का जीवन के सभी क्षेत्रों पर प्रभाव पड़ता है, जैसे हमारे नौकरी के नियम, हमारे देश के बुनियादी ढांचे का विकास, प्रदान की जाने वाली सार्वजनिक सेवाएं, कानून और व्यवस्था, शिक्षा का माहौल, और यहां तक कि क्या हम अपने प्रियजन से शादी कर सकते हैं पुरुष या महिला। इसलिए, राजनीतिक दुनिया में क्या हो रहा है, और कौन सा नेता या पार्टी किस नीतियों के लिए खड़ी है, इसके बारे में कम से कम जागरूक होना चाहिए। कई देशों में बढ़ते ध्रुवीकरण के साथ, राजनीति का ज्ञान हमें कई नुकसानों से बचने में मदद कर सकता है।

यह हमें अपने स्वयं के जीवन और जिस राष्ट्र में हम रहते हैं, उसकी बेहतरी के लिए बुद्धिमानी से चुनाव करने में मदद करता है।

राजनेता होने का पहला कारण यह है कि राजनीति एक ऐसा अखाड़ा है जहाँ सबसे महत्वपूर्ण निर्णय लिए जाते हैं। यदि हम रुक कर इस पर विचार करें तो हमारे देश और दुनिया के इतिहास के कुछ सबसे महत्वपूर्ण निर्णय राजनेताओं द्वारा लिए जाते हैं। पंचवर्षीय योजनाएँ और केंद्रीकृत आर्थिक गतिविधियाँ, आपातकाल, आर्थिक उदारीकरण, सूचना का अधिकार और शिक्षा का अधिकार, विमुद्रीकरण- ये सभी निर्णय राजनेताओं द्वारा लिए गए और भारत को हमेशा के लिए बदल दिया - बेहतर या बदतर के लिए। बड़े सुधार सामाजिक आंदोलनों और राजनीतिक इच्छाशक्ति दोनों के माध्यम से होते हैं। हालाँकि, हम जानते हैं कि भारत में, यह निर्वाचित प्रतिनिधि हैं जहाँ पैसा रुकता है। तो आइए इन पदों पर कब्जा करें और वृद्धिशील और परिवर्तनकारी परिवर्तन दोनों करें।

राजनेता होने का दूसरा कारण काम का दायरा है और जिस पैमाने पर राजनेता प्रभाव डाल सकते हैं वह अकल्पनीय है। हमारे प्रतिनिधियों के पास जो संसाधन हैं उनकी तुलना किसी भी सीएसआर बजट से नहीं की जा सकती। वित्त वर्ष 2018-19 के लिए, कॉर्पोरेट मामलों के मंत्रालय को बताया गया कुल सीएसआर बजट 11,867 करोड़ था, जबकि कुल केंद्रीय बजट 24,00,000 करोड़ था। हमारे चुने हुए प्रतिनिधि तय करते हैं कि यह पैसा कहां आवंटित किया जाए। जरा सोचिए कि अगर राजनीतिक इच्छाशक्ति और सही नेतृत्व है तो इन फंडों के सही आवंटन और कुशल वितरण का 1.2 अरब लोगों के जीवन पर क्या प्रभाव पड़ सकता है।

तीसरा और शायद सबसे महत्वपूर्ण कारण यह है कि हमें अपने देश द्वारा दिए गए अवसरों का उपयोग करते हुए लोगों की आवाज का प्रतिनिधित्व करना चाहिए। राष्ट्रपति

मुखर्जी ने एक बार कहा था, "हमारे पास संसद के 1,000 सदस्य होने चाहिए।" उन्होंने टिप्पणी की कि कुछ सौ सांसदों के माध्यम से भारत जैसे विविध और आबादी वाले देश का सही मायने में प्रतिनिधित्व करना मुश्किल है। और क्या संसद में आवाजें भारत का प्रतिनिधित्व करती हैं? भारत में 50% जनसंख्या 30 वर्ष से कम आयु की है, लेकिन केवल 6% सांसद 35 वर्ष से कम आयु के हैं और उनमें से अधिकांश राजनीतिक परिवारों से हैं।

भारत में 50% आबादी महिलाओं की है, लेकिन लोकसभा में केवल 14.39% सदस्य महिलाएं हैं। जबकि हम कल तक अनुमत सांसदों की संख्या नहीं बदल सकते, हम आज स्थानीय राजनीति में प्रवेश कर सकते हैं। हम स्थानीय पंचायतों और नगरपालिका परिषदों की शक्ति का उपयोग कर सकते हैं, इन क्षेत्रों में निर्वाचित हो सकते हैं और भारत के लोगों का प्रतिनिधित्व करने और उनकी सेवा करने का प्रयास कर सकते हैं।

आइए राजनीति पर कब्जा करें। हम प्रभाव के निर्माता क्यों नहीं हो सकते जो वास्तव में सार्वजनिक सेवा के सबसे शक्तिशाली वाहन- राजनीति के माध्यम से लोगों के जीवन को छू सकता है।

इंडियन स्कूल ऑफ डेमोक्रेसी में हम इस यात्रा में आप में से कई लोगों का समर्थन करने की उम्मीद करते हैं। हम राजनीति में प्रवेश करने के लिए नैतिक साहस और कल्पना के साथ सैद्धांतिक नेताओं को पोषित करने के लिए अल्पकालिक और दीर्घकालिक कार्यक्रम चलाते हैं। यह समय है कि हम सार्वजनिक नेतृत्व और राजनीति पर पुनर्विचार करें। भारत को हमारी संसदों, विधानसभाओं, पंचायतों और नगर निगमों में नए नेताओं की जरूरत है- ऐसे नेता जो समाज के सच्चे प्रतिनिधि हों। हमें प्रतिनिधियों की आवश्यकता है, शासकों की नहीं और हमें लगता है कि हमारी पीढ़ी के पास राजनीति के माध्यम से सेवा करने की शक्ति, क्षमता और कर्तव्य है।

सरकार और राजनीति एक शानदार ए स्तर है जिसने हमें दिखाया है कि राजनीति का हम पर कितना बड़ा प्रभाव है और इस भ्रम को तोड़ दिया है कि हम इससे अलग हो गए हैं।

हाल के महीनों में स्कॉटिश स्वतंत्रता जनमत संग्रह, पेरिस में मुक्त भाषण पर हमले और महत्वपूर्ण रूप से मई में आम चुनाव अब क्षितिज पर हैं।

हमारे आसपास घटित होने वाली घटनाओं की समझ के संदर्भ में यह पाठ्यक्रम अपने साथ लाता है कि भारी लाभ के अलावा, यहाँ हमारे हैं

राजनीति में शामिल होने के शीर्ष 5 कारण:

1. राजनीति आपको अपने अधिकार जानने में मदद करती है

पाठ्यक्रम ने हमें अपने प्रारंभिक विश्वास से परे देखने की अनुमति दी है कि हमारे देश को चलाने में हमारी कोई वास्तविक भूमिका नहीं है। इसने हमें वास्तव में हमारे समाज के एक बुनियादी हिस्से के बारे में शिक्षित किया है और हमें यह समझने में मदद की है कि यदि हम व्यवस्था में निर्मित दबाव बिंदुओं का उपयोग करके राजनीतिक प्रक्रियाओं में संलग्न होते हैं, तो प्रत्येक व्यक्ति के पास वास्तव में दुनिया को बदलने का अवसर होता है।

2. राजनीति स्पष्ट करती है कि आप खुद क्या मानते हैं

चीजों का अध्ययन किया है, उनका अध्ययन करने से हमें अपने स्वयं के राजनीतिक विश्वासों की खोज करने और आज दुनिया में मौजूद विशाल राजनीतिक विचारधाराओं के लाभों और नुकसानों को अधिक विस्तार से देखने का अवसर मिला है। आप जो मानते हैं उसे सटीक और संक्षिप्त रूप से व्यक्त करने में सक्षम होना बेहद उपयोगी है, और आपको वास्तव में खुद को देखने के लिए मजबूर करता है!

3. राजनीति एक जीवंत, सांस लेने वाला विषय है

राजनीति में पाठ्यपुस्तकें प्रकाशित होते ही पुरानी हो जाती हैं। क्यों? क्योंकि मीडिया में लगातार नए उदाहरण सामने आने से राजनीतिक परिदृश्य हर दिन बदलता है। निबंध प्रश्नों के अपने उत्तरों में उपयोग किए जाने वाले उदाहरणों को चुनना वास्तव में रोमांचक है क्योंकि जिस दिन आप अपनी A स्तर की परीक्षा दे रहे हैं उस दिन कुछ ऐसा हुआ था जो आपकी प्रतिक्रिया में दिखाई दे सकता है!

4. राजनीति आपको हमारे देश की पार्टियों को समझने में मदद करती है

विषय के सिर्फ एक कार्यकाल के बाद हमने लोकतंत्र और हमारे अधिकारों, विचारधाराओं और पार्टी की नीतियों, संविधान और संसद के बारे में सीखा है। कक्षा से प्राप्त ज्ञान के साथ, हम दुनिया भर में होने वाली घटनाओं को देखने में सक्षम हुए हैं, इन घटनाओं पर हमारे नेताओं की प्रतिक्रियाओं को देखा है और इन प्रतिक्रियाओं को हमने जो सीखा है उसके प्रदर्शन के रूप में समझा है।

5. राजनीति आपको वयस्क जीवन के लिए तैयार करती है

हमारे अठारहवें जन्मदिन के बाद ब्रिटिश राजनीति की दुनिया वास्तव में किशोरों के लिए खुल जाती है, वोट हमें अपने राष्ट्र को बदलने की क्षमता देता है और उन सिद्धांतों को अनुमति देता है जो हमें प्रिय हैं। इसे ध्यान में रखते हुए, यह आसानी से कहा जा सकता है कि किसी भी स्कूल में सरकार और राजनीति सबसे अधिक लागू विषय है, और यह एक ऐसा विषय है जिसे लेने के लिए लोगों को प्रोत्साहित किया जाना चाहिए क्योंकि यह आपको वयस्क प्रवेश के लिए तैयार करता है। दुनिया।

लोकतंत्र में राजनीतिक दल महत्वपूर्ण भूमिका निभाते हैं। एक देश को केवल तभी लोकतांत्रिक माना जा सकता है जब उसके चुनाव दो या कई उम्मीदवारों के बीच एक वास्तविक प्रतियोगिता साबित होते हैं जो राजनीतिक दलों द्वारा समर्थित हो सकते हैं या स्वतंत्र रूप से चल रहे हैं।

राजनीतिक दल लोगों के संगठित समूह होते हैं जो समान राजनीतिक लक्ष्यों और विचारों को साझा करते हैं और अपने उम्मीदवारों को निर्वाचित करके सार्वजनिक नीति को प्रभावित करने का लक्ष्य रखते हैं। इन दलों का मुख्य कार्य मतदाताओं के सामने अपने उम्मीदवारों और चुनावी अभियानों को प्रस्तुत करना है। लेकिन वे एक लोकतांत्रिक देश में कई अन्य कार्य भी करते हैं। एक के लिए, वे समाज और विधिवत निर्वाचित प्रतिनिधियों के

बीच संस्थागत मध्यस्थों के रूप में काम करते हैं जो नीतियों को तय करने और लागू करने के लिए जिम्मेदार हैं। उदाहरण के लिए, विधायक जो एक राजनीतिक दल से संबद्ध हैं और नागरिक समाज के प्रतिनिधियों से मिलते हैं, सार्वजनिक नीति तैयार करने की प्रक्रिया में व्यक्तियों या संगठनों से राय मांगते हैं। ऐसा करके, वे संसद और सरकार में अपने सदस्यों और समर्थकों की मांगों का प्रतिनिधित्व करने की अनुमति दे रहे हैं।

एक लोकतांत्रिक समाज में, राजनीतिक दल प्रमुख कर्तव्यों का पालन करते हैं, जिनमें निम्नलिखित शामिल हैं:

• उनके सदस्यों और समर्थकों द्वारा सार्वजनिक नीति प्राथमिकताओं और नागरिक आवश्यकताओं और मुद्दों की पहचान करना।

• लोगों को शिक्षित करना कि राजनीतिक और चुनावी प्रणाली और सामान्य राजनीतिक मूल्य कैसे काम करते हैं।

• विपरीत मांगों को संतुलित करना और उन्हें सामान्य नीतियों में बदलना।

• नागरिकों को राजनीतिक निर्णयों में भाग लेने के लिए प्रोत्साहित करना और उनकी राय को सभी के लिए नीतिगत विकल्पों में बदलना।

• जनता और सरकार के बीच मध्यस्थ के रूप में कार्य करना।

• सार्वजनिक पद के लिए चुने जाने योग्य उम्मीदवारों का चयन और प्रशिक्षण।

प्रत्येक राजनीतिक दल के आंतरिक कार्य होते हैं जो बाहरी ताकतों द्वारा निर्धारित होते हैं, जैसे कि राजनीतिक संस्कृति, चुनावी प्रणाली और कानूनी नियम। लेकिन वैचारिक नींव, पार्टी इतिहास, नेताओं और कर्मचारियों के सदस्यों के व्यक्तित्व और आंतरिक राजनीतिक संस्कृति जैसी आंतरिक प्रक्रियाएं पार्टी के आंतरिक कार्य के लिए अधिक प्रभावशाली होती हैं।

संयुक्त राज्य अमेरिका में, जिसे वे द्विदलीय प्रणाली कहते हैं। इसका मतलब यह है कि दो प्रमुख दल हैं जो चुनाव और सरकार पर हावी हैं। यद्यपि राजनीतिक प्रणाली की इस प्रकृति के सभी लोगों के लिए अच्छाई को बढ़ावा देने के अपने लाभ हैं, कुछ ऐसे भी हैं जिन्होंने इसके नुकसान के लिए इसकी आलोचना की।

यह निर्धारित करने में सक्षम होने के लिए कि दो राजनीतिक दलों का होना वास्तव में किसी देश के लिए फायदेमंद है या नहीं, उनके होने के फायदे और नुकसान जानना महत्वपूर्ण है।

राजनीतिक दलों के लाभों की सूची

1. राजनीतिक दल मतदान करने वाली आबादी को राजनीतिक जानकारी इस तरह से प्रस्तुत करने में सक्षम हैं जो आसानी से समझ में आ सके।

ऐसा करने से, समूह के व्यापक राजनीतिक दर्शन के प्रतिनिधित्व के माध्यम से देश में व्यवस्था होती है। नतीजतन, मतदाता कुछ मुद्दों पर हर पार्टी के रुख से अवगत हो जाते हैं। रिपब्लिकन मिट रोमनी और डेमोक्रेट बराक ओबामा के बीच 2012 का राष्ट्रपति चुनाव

एक अच्छा उदाहरण होगा। प्रत्येक उम्मीदवार ने जनता के सामने अपनी-अपनी पार्टियों के प्रमुख मुद्दों का प्रतिनिधित्व किया।

2. राजनीतिक दल विभिन्न हितों और मतों के आवास के माध्यम से संतुलन प्रदान करते हैं।

दोनों राजनीतिक दल अलग-अलग राजनीतिक विचारों वाले संगठित समूह हैं, जो राजनीतिक दलों के लिए ऐसे निर्णय लेना महत्वपूर्ण बनाते हैं जो न केवल कुछ लोगों बल्कि सभी हितों और मतों के पक्ष में हों ताकि उनके समर्थकों की वफादारी बनी रहे।

3. राजनीतिक दल सरकार में स्थिरता के लिए खतरा पैदा करने वाले राजनीतिक रुझानों में अप्रत्याशित बदलाव को रोकते हैं।

अमेरिका की द्वि-दलीय प्रणाली सरकार में स्थिरता को बढ़ावा देने में मदद करती है क्योंकि सत्ता साझा करने वाले केवल दो दल होंगे, जो तुरंत गठबंधन को भंग या बदल सकते हैं। अब, यदि मतदाता एक राजनीतिक मुद्दे पर असहमत हैं, तो वे आम तौर पर समझेंगे कि उम्मीदवार बड़े मुद्दों का प्रतिनिधित्व करते हैं जिन पर अधिक ध्यान देने की आवश्यकता है। यह मतदाताओं को अपनी पार्टी के लिए अपना समर्थन देने से हतोत्साहित करता है। इसके अतिरिक्त, निर्वाचित अधिकारियों के पास जनता को लाभ पहुंचाने वाली दीर्घकालिक नीतियों पर ध्यान केंद्रित करने का समय होगा।

4. राजनीतिक दल राजनीतिक भागीदारी को प्रोत्साहित करते हैं।

एक लोकतांत्रिक राष्ट्र के रूप में, अमेरिका अपने नागरिकों को स्वतंत्र रूप से अपनी राय व्यक्त करने और उनकी रुचि और राय साझा करने वाले राजनीतिक दल का समर्थन करने की अनुमति देता है। चीन के विपरीत, अमेरिकी सरकार जनता को मतदान में भाग लेने और मतदान करने के लिए प्रोत्साहित करती है। इसलिए, जनता महत्वपूर्ण परिवर्तन करने में योगदान दे सकती है जिससे सभी को लाभ होगा।

समाप्त

www.ingramcontent.com/pod-product-compliance
Lightning Source LLC
Chambersburg PA
CBHW071348130726
47996CB00002B/849